AF360946

AMÉLIE GEX

PAR

F. VERMALE

LIBRAIRIE DARDEL

CHAMBÉRY

1923

Amélie Gex

(1835-1883)

*A Madame Caroline LANDRIANI
dont l'amitié fidèle sut conserver
les manuscrits d'Amélie GEX*

*A Madame Claude MARTIN qui a
rendu possible la réédition des
Œuvres d'Amélie GEX*

Ce livre est dédié

AMÉLIE GEX

F. VERMALE

Un Poète Savoyard

Amélie Gex

(1835-1883)

NOTES BIOGRAPHIQUES

ET

CORRESPONDANCE

PRÉFACE DE F. GRANGE

CHAMBÉRY
LIBRAIRIE DARDEL
1923

PRÉFACE

Chambéry jouit d'un privilège admirable : la campagne, la vraie campagne, la nature agreste s'étend jusqu'à ses portes, l'absence de grande industrie et de banlieue ouvrière lui laisse toute place. A cent pas de la ville, en tous sens, par les plaines ou les coteaux, des chemins rustiques vous offrent le charme du frais ombrage des arbres drus qui les bordent. Ils se déroulent avec lenteur, généralement, mais parfois escaladent vivement les monts et les ravins, côtoyant prairies et pâturages, labours et cours de ferme. Et sur les plateaux, auprès des vieux châtaigniers qui laissent apercevoir sous leurs branches sombres la ville grise et bleue, et au loin le lac étincelant, les travaux des champs se succèdent, dans l'air limpide, avec leur poésie éternelle de gestes simples et familiers.

C'est avril. Au versant du coteau, les bœufs roux brillent au soleil, ils avancent à pas lents et le soc de la charrue retourne la terre grasse et rougeâtre ; le cri du bouvier sollicite leur marche lourde et rompt le silence. — C'est juin, les faucheurs, d'un mouvement égal, couchent en andains l'herbe fleurie. C'est plus tard la moisson et les filles affairées qui lient les javelles. C'est octobre et les chants joyeux des vendangeurs...

De ces spectacles, qui se répètent en tous pays, mais auxquels la Savoie prête un cadre incomparable de charme et de grandeur ; de ces spectacles qui vont au cœur de tous, à cause de nos vieilles attaches paysannes, mais qu'elle sentait plus profondément encore pour les avoir vécus, elle-même, auprès de la maison paternelle, Amélie Gex a su dégager, d'un trait alerte et sûr, toute la force émotive. Elle a chanté, avec un vrai tempérament de poète et un amour passionné de notre sol, la gaîté des travaux champêtres, la grâce naïve des idylles villageoises. Elle a su mettre en scène avec un merveilleux talent de conteur, avec une saveur rustique pleine de finesse et de vivacité, le paysan de chez nous. Toute son œuvre n'est pas là, mais le meilleur, l'excellent de son œuvre est là.

De ce que elle peint la terre de Savoie, ses travaux, le caractère profond de la race, Amélie Gex est le poète le plus vraiment, le plus foncièrement savoyard. De ce que cette peinture possède, au plus haut degré, du naturel, de la grâce et de la vie, elle se situe au premier rang, à côté de Marc-Claude de Buttet, à côté de Jean-Pierre Veyrat.

Dans notre Parnasse savoyard, car grâce au régionalisme nous avons notre petit Parnasse, elle personnifie l'âme paysanne, comme Veyrat représente parmi nous l'instant et le cri romantique, de Buttet restant la fleur de noblesse, le poète savant, élégant, qui marque la place de notre province dès la Renaissance.

En dehors de sa valeur poétique, la figure d'Amélie Gex reste singulièrement attachante, et il serait regrettable que sa position dans les luttes politiques fît mal juger son caractère.

Avant tout, c'est une âme sincère, droite, loyale, une nature ardente et généreuse que les tristesses de la vie n'ont pas ménagée et qui réagit vigoureusement, gaiement même. Elle doit lutter à la fois contre la souffrance physique, la souffrance morale ou les soucis matériels, et elle ne sombre pas dans le pessimisme. Ce miracle est dû à un sang généreux et à une tête solide.

La maladie l'a visitée de bonne heure et ne l'a plus abandonnée ; à onze ans, en 1846, elle est considérée comme tuberculeuse et se remet par une existence libre, en plein air. Jusqu'à quel point, on ne le sait, car son père le Dr Gex ne semble pas avoir grande confiance en sa santé. Plus tard (1857), elle fait un séjour à Divonne ; en 1861, on peut lire dans une de ses lettres : « D'abord, mon amie, je souffre. Ceci, c'est habituel. » On pourra lire encore, en 1873 : « Le médecin, le 15e ou le 16e que je consultai, me dit ne pouvoir me sauver si je ne me créais pas une occupation quelconque. »

C'est alors qu'Amélie Gex fait un voyage à Milan, pour étudier la photographie, puis, de retour à Chambéry, ouvre, rue de la Gare, un atelier au titre de « Photographie italienne ». La pauvre enseigne pouvait s'apercevoir encore, jusqu'à ces toutes dernières années, de la place de la Gare, sur les toits de la première maison. Souvenir lamentable d'une incertaine profession qu'Amélie Gex dut abandonner au bout de quelques mois, n'y ayant gagné qu'une aggravation de ses maux, sous forme de rhumatisme déformant des mains.

Les soucis matériels, tout comme les chagrins et contrariétés domestiques, ne l'épargnèrent pas. M. Vermale, qui a rendu aux lettrés savoyards et à tous les amis de notre terre le grand service d'écrire la vie de notre poète, en rassemblant avec bonheur les documents les plus variés et les plus intéressants, a marqué avec discrétion plusieurs de ces points.

Lorsque, sur l'avis du médecin, Amélie Gex doit chercher une occupation la distrayant de ses souffrances, — et ce sera la carrière littéraire, — nous sommes en 1873, elle a 38 ans, il ne lui reste plus que dix ans à vivre et elle n'a pas encore écrit, pour le public, une seule ligne de ces œuvres qui doivent consacrer son nom. Mais elle a vécu, elle a réfléchi, elle a beaucoup observé. Elle ignore la prosodie et les règles poétiques ; mais elle a le don de la poésie, une imagination souple et riche, et elle le sait. Sans le don, à quoi peuvent servir les règles les mieux suivies. Ingres disait aux peintres : « Celui qui s'appuie sur un compas s'appuie sur un fantôme. » C'est vérité pure, et le dictionnaire de rimes, à lui seul, ne peut donner plus de certitude au poète, que n'en donne le compas à l'artiste, quant à l'illusion de la vie. La vie est mouvement ; pour la rendre, il faut répondre à un feu intérieur, qui est proprement le lyrisme, le don de compréhension poétique de l'objet.

Si Amélie Gex a rendu vraiment la vie paysanne, c'est qu'elle a participé vraiment et intimement à la vie paysanne et qu'elle en a compris la poésie. Pendant vingt ans, de 1853 à 1873, elle a vécu aux champs, à La Chapelle-Blanche, dirigeant elle-même l'exploitation agricole des propriétés paternelles, conduisant les travaux, mettant souvent la main à l'ouvrage, directement, par goût et avec entrain, se reposant dans les causeries au coin du verger, se distrayant l'hiver aux chants des veillées et aux propos pittoresques des conteurs villageois.

Ces vingt ans ont joué un très grand rôle, non seulement dans sa formation poétique, mais encore dans sa formation morale. Alliant une humeur vive à beaucoup de sensibilité, cette vie libre, au simple contact de la nature, et loin de la société, devait fatalement incliner son intelligence à l'indépendance du jugement et à l'observation critique. Aussi se tient-elle légèrement en marge du monde, qu'elle goûte peu, et de la religion qu'elle façonne à sa guise, tout en ayant l'âme religieuse. Il n'y a pas à s'étonner outre mesure, elle porte bien l'empreinte de son époque, de ses lectures et de son milieu, en sacrifiant à la mystique déiste et humanitaire de 1848.

Mais elle va à ces idées en toute bonne foi, sans arrière-pensée ; sa correspondance en témoigne. Elle s'examine avec sincérité : « Je sais à peu près ce que je pèse... » « C'est dommage, j'étais une bonne nature, j'aurais pu aller loin peut-être, dans la voie des connaissances humaines ; mais par la faute des circonstances d'abord, plus tard par celle des hommes, ensuite par la mienne, je n'ai point profité des dons que Dieu m'avait confiés. » Il faut se rendre à cet accent, qui a le son clair de la vérité... et de la modestie.

Au reste, ce n'est pas la moindre des surprises qui attend le lecteur, de rencontrer à la fois chez Amélie Gex, au point de vue religieux, un esprit d'indépendance qui la situe au seuil de l'Eglise et une crainte panique de l'orgueil. Dans une prière remarquable, tant par la forme que par l'esprit de soumission et de recherche confiante de la vérité, prière qui nous a été conservée, nous la voyons s'adresser, ainsi, à Dieu : «... Faites que mon esprit ne s'égare pas dans la recherche de la Vérité. Ce que je vous demande surtout, c'est l'humilité. Oh ! que jamais l'orgueil ne pénètre en moi, étouffez-en le germe dans mon âme. » C'est dire la qualité très rare de cet esprit d'une bonne volonté évidente.

L'impression profonde de sa longue prière est à retenir, nous semble-t-il, au regard de quelques pointes regrettables qu'elle a pu décocher au Clergé, et pour situer exactement son Credo, bien connu, Credo de paysan savoyard désinvolte et goguenard :

> De craye u bon Dio que fa luire
> Son soluai chu noutron pollié.

Du reste, elle termina ses jours par une fin religieuse, gagnant toute l'estime et la sympathie du Chanoine Varet.

La politique l'avait mise en évidence, par la publication de ses chansons patoises, sous le pseudonyme de Dian de la Jeânna, dans « le Père André » ; feuille des paysans de Savoie, dit le sous-titre.

C'était en 1878, au temps des Blancs et des Rouges. Par sa famille, par ses relations, par ses idées, elle était du camp rouge, avec une ardeur nourrie de généreuses illusions qui semblent attiédies dans la suite. Pour appartenir au parti opposé, on n'en doit pas moins reconnaître l'entrain, l'accent, la verve de ces couplets qui furent populaires, tels ceux des « Deux Poulets », une de ses premières chansons politiques. Le triomphe du poulet rouge fut assuré par celui des 363, et il put chanter à son aise.

Au fond, les coups de bec d'Amélie Gex ne sont pas très méchants ; après plus de 40 ans, les blessures qu'ils ont pu faire sont bien cicatrisées ; on peut les oublier et ne garder le souvenir que des coups d'aile et du regard clair ; d'autant que, depuis, ce pauvre poulet rouge « qui n'avait à manger que l'herbe du chemin », et s'en plaignait, a dû trouver meilleure nourriture.

C'est dans le même Père André que parurent la plupart de ses poésies patoises, réunies plus tard en recueil sous le titre « Le long de l'An ». On sent que, par ces poésies, elle veut maintenir le caractère de la race, lui montrer ses ressorts intimes, la bonhomie et la cordialité de ses rapports, l'indépendance et la noblesse du travail de la terre, le trésor des coutumes et des traditions. Par là elle sert puissamment le régionalisme.

Somme toute, qu'on enlève à ses œuvres, de loin en loin, quelques traits de lutte sociale visant un certain ordre religieux ou politique, qui peuvent heurter à un premier contact, il ne reste partout qu'une vue poétique et cordiale de la vie. Et ces traits, les dirons-nous perfides ? Je ne le crois pas, car ils ont toute la candeur et la marque d'une manœuvre électorale conduite avec entrain ; ils rejoignent ce sentiment du paysan savoyard, ou du paysan tout court, qui aime, certain jour, critiquer le Dieu qu'il révère, les principes qu'il observe, et les maîtres qu'il sert, pour se prouver, un instant, son indépendance, et ce, sans conviction intime, loin de là. Inconséquence, dira-t-on ; mais sans ouvrir Montaigne pour s'appuyer d'une citation, l'homme n'est-il pas qu'inconséquence, et quelque soit son niveau social.

La vie, les opinions, la vocation tardive d'Amélie Gex, ont de l'étrange ; son aspect physique n'en comportait pas moins.

Sa figure était largement modelée, avec une structure lourde, épaisse, massive de la région du menton, qui donnait à toute la face une expression puissante de force au repos, tempérée toutefois par la douceur du regard. La main potelée n'était pas non plus très féminine. Au total, elle était un peu hommasse. Et son accoutrement parfois bizarre, son port de chapeau et son allure garçonnière soulignaient cette première impression. Dans son enfance libre, aux champs, elle avait vécu un certain temps habillée en garçon, d'où une liberté de façons et d'allure *qui, si elle enlevait beaucoup du charme féminin qu'elle pouvait encore posséder, restituait, grâce au don d'une intelligence vive, tout l'agrément profond d'une franche camaraderie. Une excellente camarade, telle est l'impression qu'elle laissa, non seulement à ses compagnes de jeux d'enfance, mais encore à ses amis et confrères du journalisme. C'est le seul témoignage net, que j'aie pu obtenir, autrefois, de quelqu'un qui goûtait son talent et l'avait beaucoup fréquentée.*

Il faut lire et il faut relire les œuvres d'Amélie Gex et entre toutes le recueil de nouvelles intitulées « Histoire de ma rue et de mon village », où elle déploie un admirable talent de conteur, et ses « Poésies en patois savoyard ».

Certes, ses « poésies françaises » ont de l'intérêt et il suffit de citer quelques vers, tels que :

Lorsque mai s'est tressé sa couronne fleurie
Qu'au verger le soleil mûrit le bigarreau...

ou dans « Vilanelle » :

L'été rieur arrive les mains pleines,

pour faire sentir la flamme de la bonne poésie qui courait dans ses yeux et dans son cœur. Dans « Cris dans l'ombre », elle a des accents qui rappellent J.-P. Veyrat :

Depuis le jour fatal où tu devins féconde
O terre, que fais-tu des pleurs que tu reçois ?

Mais à côté des parties excellentes, il faut cons-

tater des faiblesses. On sent qu'elle s'est donné des modèles, qu'elle vise parfois un style convenu, bref, elle n'est pas pleinement elle-même, au point de vue poétique. Par contre, on a l'avantage d'y trouver des lumières précieuses sur ses sentiments, son caractère, sa formation morale.

Les poésies patoises, elles, sont une réussite permanente, un accord complet de la réalité et de la poésie, animé d'une jeunesse éternelle, celle de la vérité. Elle y révèle, tout entier, le paysan de Savoie, le suit dans ses travaux, et au foyer, et à l'étable, dans les veillées et aux fêtes villageoises. Amélie Gex ne fait pas que décrire. Elle excelle à mettre en scène ses personnages, qui, tout comme au théâtre, se définissent par le tour et la nuance de leurs paroles. C'est par là qu'elle amène au jour et fait affleurer sur de cordiales figures le fond expressif du tempérament savoyard. Peu de poésies donnent autant l'impression de contact direct avec la nature, car, hors le choix judicieux des éléments du tableau, Amélie Gex n'intervient pas, ni par réflexion digressive, ni par appréciation sur ces éléments ; jamais elle ne s'interpose entre la nature et le lecteur. C'est pourquoi ses poésies nous semblent ne pouvoir vieillir.

Son recueil est comme un miroir qu'elle tend au paysan de Savoie et dans lequel il peut se reconnaître, jusqu'en ses nuances les plus profondes. Le geste est féminin et discret. Il a été suivi. Et le paysan savoyard, charmé de voir son caractère et son amour du sol si bien compris, avec tant de finesse, de vérité et de mesure, s'est mis à répéter et à chanter à ses enfants ces œuvres expressives, écrites en sa langue. Que de banquets de conscrits et de veillées d'hiver ont retenti de ces strophes, qui définissent et aident à maintenir le caractère de la race.

Une cordiale bonhomie, se nuançant parfois de réserve discrète, forme l'enveloppe du fonds solide du paysan de Savoie, qui est tout de loyauté et de bon sens robuste. Il aime sa terre avec passion, mais la conquête et la satisfaction du bien-être présente le terme d'une ambition qui ne le ronge pas. Aussi, le paysan savoyard, bien qu'intéressé, comme tout paysan, l'est-il généralement, sans hâte, sans aigreur, sans rapacité ; son but est l'aisance tranquille ; mais s'il désire l'aisance, il chérit la tranquillité. Tout en découle : la facilité des rapports, le contentement du sort, la liberté d'esprit.

Une ironie fine et une verve blagueuse dont il use tour à tour, montre la souplesse de son esprit alerte que le patois anime encore d'une flamme toute particulière d'humour.

Ce patois, fait à l'image du sol, en suit toutes les modulations : doux, gras, un tantinet traînard et chantant dans la plaine, il passe dans la montagne à la rudesse ; tantôt guttural, tantôt vif et sifflant en claquement de fouet. Il a un parfum tout spécial, chargé de saveur rustique et familière, comme un bon plat de pays. Aussi, est-il à proprement parler intraduisible, il faut le goûter en lui-même, pour sa force, sa justesse, son expression, sa sonorité et aussi sa caresse maternelle. Profondément rattaché au sol, issu de ce sol, il a une vertu de convenance et de *simplicité inégalable, il exprime, en dehors de tout mouvement de mode, l'essentiel permanent.*

La poésie d'Amélie Gex reçoit les bienfaits de cette discipline. Qu'on songe que telles expressions faibles et vieillies qu'on rencontre dans ses vers français : « Zéphir mutin » par exemple, n'ont pas, ne peuvent avoir de traduction patoise littérale, ce qui n'est point une perte, et que toute locution patoise approchée sera sûrement douée d'une force expressive supérieure. En fait, une foule de mots patois n'ont pas d'équivalents français.

Amélie Gex a usé de ce langage, supérieurement, avec un tour d'esprit franchement savoyard et selon les rythmes les plus variés. Il faudrait citer ; mais on n'ose choisir, elle comporte tant de nuances dans son naturel parfait.

Essayons cependant, voici un « fredon » d'avril (1) :

L'hiver s'ein va tot einzovri
L'herba rebiolle
On vai sondre le na d'avri
Darnié le niolle.

Mie, demaize, si te vou
Cori n'a vouere
On s'einverra rien que no dou
Vé la Ravouère ;

Y est le teim que l'amandrollié
Florai sa brance
Allin lu fare degrollié
Sa roba blance.

---

(1) — L'hiver s'en va tout engivré — l'herbe repousse — **On** voit poindre le nez d'avril — derrière les nues... — Mie, dimanche, si tu veux — courir un peu — On s'en ira, rien que nous deux — Vers la Ravoire — C'est le temps que l'amandier — fleurit sa branche — allons lui faire éparpiller — sa robe blanche.

Mai et la joie du printemps :

Mai novellet vardai le size,
L'arbépin blançai le boesson ;

U printein le çansons s'einvoulent
Comme un tropet de pinzons blancs (1).

*En opposition, voilà un extrait de « la Complainte
du Conscrit », qui est une pièce d'un accent poignant
par la vérité simple du détail, dénué de toute décla-
mation :*

Fedra copa le pan pe mince
I fadra felo u crueju,
Mare, pe payé u Monchu
A la Saint André voutre ceinse :
Vo saré tozor ein retard
Iora que me vaica seudart (2).

*La vision nette des champs et de la maison aban-
donnés, des travaux qui souffrent de son absence,
fait tomber lamentablement en fin de plusieurs
strophes ce malheureux : « Iora que me vaica seudart. » — Le même accent, d'émotion contenue, se
rencontre aussi dans : « Le tour qui tourne » et « Ce
que m'a chanté l'alouette. »*

*Ma vegne et mon sartot (ma vigne et mon cellier)
exprime tout l'attachement du Savoyard pour ce
petit lopin de terre et ce modeste abri construit au*

____

(1) — Mai nouveau verdit les haies — l'aubépine blanchit le
buisson... — Au printemps les chansons s'envolent — Comme
une troupe de blancs pigeons.

(2) — Il faudra couper le pain plus mince — il faudra filer à
la lampe — Mère, pour payer au Monsieur — à la S¹ André votre
cense (fermage) — Vous serez toujours en retard — Maintenant
que me voilà soldat.

*prix de tant de fatigues et de sueurs. Après une
description piquante qu'en fait le vigneron, il se
redresse avec contentement :*

> On me baret le çatiau de la Motta,
> Cho d' Caramagne, ou bin tot Chambéry ;
> On me baret ce qu'a coutâ la rotta
> Que va de Laissa u platiau de Thuéry ;
> Y me vindront menaché de no pèindre
> No dou ma fenna et noutron Pierre étot
> Qu'u grand jamais ne vodri lo-s'y veindre
> Ma p'tiouta végne et mon petiou sartot (1).

*Il faudrait donner là : « les Contes de la Veillée ».
Peinture chaude, colorée d'une veillée d'hiver dans
les écuries. Tout y est : le froid du dehors, la moiteur
de l'étable, la joie des enfants, les agaceries entre
filles et garçons, et les contes surprenants, les ren-
contres de revenants, la stupeur, les rires, les inter-
jections des assistants, et enfin éclate dans l'enthousiasme la chanson du « p'tiou bossu ». Il est malheureusement impossible de faire de courts extraits de
cette pièce remarquable.*

*Les Rogations forment un tableau très vif et
complet :*

> Hardi la gua ! copa le size !
> Y est rogachon deman matin... (2).

----

(1) — On me donnerait le château de la Motte, — Celui de
Caramagne, ou bien tout Chambéry — On me donnerait ce qu'a
coûté la route — Qui va de Leysse au plateau de Thoiry — Ils
me viendraient menacer de nous pendre — Nous deux, ma
femme et notre Pierre aussi — Qu'au grand jamais, je ne voudrais leur vendre — Ma petite vigne et mon petit cellier.

(2) — Hardi ! la marmaille ! coupez les haies — C'est rogations demain matin.

*Après l'entrain du début, les réflexions graves sur
la vieille croix, à fleurir pour la fête :*

> La villie croai que no z'agarde
> Quand on revin solet la né
> La pourra croai que tozor garde
> Le recorte que sont sené... (1).

*Enfin la dernière strophe avec sa pointe finale
du plus pur accent de terroir :*

> Fleurs de savû et roûse ein sâva
> Sont mai que robans de satin ;
> Noutra croai sara la pe brâva
> Qu'i vont beni deman matin !...
> Quand l'eincorâ, zo se bannières
> Quand le portuze de lomières
> Bram'ront : *Propitius esto !*
> Dien lo z'airs qu'on varrâ traluire
> On einteindra le bon Dio dire :
> « Si forcha d'eimpli leu sartot ! » (2).

*N'est-il pas vrai qu'il faut lire et relire Amélie
Gex ?*

F. GRANGE.

(1) — La vieille croix qui nous regarde — Quand on revient
seul dans la nuit — La pauvre croix qui toujours garde — Les
récoltes qui sont semées.
(2) — Fleurs de sureau et roses en sève — sont mieux que
rubans de satin — Notre croix sera la plus belle — Qu'ils vont
bénir demain matin — Quand le curé, sous ses bannières —
Quand les porteurs de lumières — Chanteront : *Propitius esto !*
— Dans les airs qu'on verra reluire — On entendra le bon Dieu
dire : — « Je suis forcé d'emplir leurs tonneaux » (celliers).

1

NOTES BIOGRAPHIQUES

I

DIAN DE LA JEÂNNA
OU AMÉLIE GEX

Amélie Gex naquit (1) à La Chapelle-Blanche (canton de La Rochette), le 24 octobre 1835 et mourut dans son domicile, rue de la Gare, nº 18, à Chambéry, le 16 juin 1883, âgée de 47 ans.

Amélie Gex commença à écrire pour le public vers l'âge de quarante ans, mais son premier volume de poésies françaises publié sous son nom ne parut qu'en 1879 (2). Jusque-là, elle avait soigneusement caché sa personnalité littéraire. C'est ainsi que depuis 1877 elle publiait, sous le pseudonyme de *Dian de la Jeânna* (3), de nombreuses chansons et poésies patoises dont le succès avait été marqué. En 1879, certaines de ses poésies patoises furent réunies en un volume sous le titre de *Long de l'an*. Amélie Gex ne voulut pas faire connaître qu'elle en était l'auteur. Le *Long de l'an* ne porta d'autre signature que celle de Dian de la Jeânna. Si bien que la très grande majorité du public savoyard

(1) « Marie-Amélie-Rose-Françoise Gex, fille de sieur Gex Marc et de Dlle Clapanon Marie-Félicité-Eudoxie, mariés, est née vers minuit du 24 au 25 octobre 1835 et a été baptisée le même jour par le recteur soussigné. » Blanchin, recteur.

(2) *Poésies* (1875-77), 1 vol., 188 pages ; Chambéry Imprimerie Ménard.

(3) Jean fils de la Jeanne, traduction donnée par Amélie Gex dans le *Père André*.

crut que Dian de la Jeânna, à cause surtout de l'actualité politique de certaines de ces chansons, n'était autre que le journaliste républicain et poète Charles Burdin. Il fallut un article de Jules Carret dans le *Patriote savoisien* (1) du 21 mars 1879 et une protestation de Charles Burdin, pour que le public comprît à demi-mot que Dian de la Jeânna était Amélie Gex.

En 1882, l'Académie de Savoie couronna son poème *A une âme sincère.* C'était pour Amélie Gex la consécration, comme un commencement de gloire ! Malheureusement, quelques mois après elle décédait. En sorte que, à peine la Savoie avait-elle appris à connaître le nom de son plus grand poète, que la mort le lui ravissait ! Il est probable que le nom d'Amélie Gex eût continué à être ignoré du grand public, même dans sa province, si notre poète n'avait laissé après elle des amitiés qui restèrent fidèles à son souvenir et voulurent sauver sa mémoire d'un injuste oubli. Grâce à elles, son œuvre anonyme fut réunie en volumes et leur publication assura la gloire posthume d'Amélie Gex (2).

---

(1) « Pour plusieurs, *Dian de la Jeânna* devait être Charles Burdin... Cependant Burdin, interrogé, affirma n'en être pas l'auteur. Et Burdin sait mal le patois... Comme on jetait sa langue au chien, *le bruit se répandit que Dian de la Jeânna était une femme, même une demoiselle. Je tairai son nom, parce qu'elle désire garder l'anonyme. Elle a produit en français des vers estimés.* »

(2) En 1885 : *Vieilles gens et vieilles choses* : Histoire de ma rue et de mon village. 1 vol., 334 pages ; Chambéry, Ménard.

En 1895 : *Feuilles mortes* (1873-1882), 1 vol., 274 p. ; Chambéry, Ménard.

En 1898 : *Poésies en patois savoyard*, avec traduction en regard ; 1 vol., 347 pages ; Chambéry, Ménard.

II

ENFANCE
(1835-1849)

A MÉLIE Gex a laissé quelques notes écrites au crayon qui donnent des dates fort intéressantes pour sa biographie :

« 12 décembre 1839 : Mort de ma mère, j'avais 4 ans et deux mois. »

« 19 mars 1842 : Entrée au Sacré-Cœur de Chambéry. »

« 14 juin 1846 : Je sors du Sacré-Cœur pour cause de maladie ; je prends les eaux de Challes ; on me croit poitrinaire et à cause de cela je guéris. »

« 3 avril 1848 : Je sors du Sacré-Cœur pour aller à Challes. Les « Voraces » arrivent à Chambéry, on se bat. Le 4, les troupes reviennent et je rentre le 15 en pension. »

« Le 6 mai 1848 : Mort de ma grand'mère. »

« Le 19 mars 1849 : Je sors du Sacré-Cœur pour tout de bon. »

Ainsi à 4 ans Amélie Gex fut orpheline de mère ; à 7 ans, elle entra comme interne dans le pensionnat du Sacré-Cœur de Chambéry ; à 11 ans, les médecins la déclarèrent atteinte de tuberculose. Elle quitta le pensionnat sur ce sombre diagnostic,

et fut envoyée pour se soigner à Challes-les-Eaux.
Elle guérit, puis retourna au pensionnat, qu'elle
quitta définitivement à 14 ans, après avoir mal
supporté 7 ans d'internat. L'année 1848 fut particulièrement douloureuse pour la jeune Amélie,
car elle perdit cette année-là, où les « Voraces »
arrivèrent à Chambéry, sa grand'mère paternelle,
Mme Rose Gex, dont elle était tendrement aimée.
C'était chez cette grand'mère gâteau qu'Amélie
passait ses vacances et ses convalescences. Ces
séjours, l'hiver rue Croix d'Or à Chambéry, l'été
dans une maisonnette située hors du village de
Challes, restèrent toujours pour la jeune captive
des souvenirs enchanteurs, que l'écrivain plus
tard aima à rappeler. La grand'mère Rose était
toute faiblesse pour cette enfant qu'elle crai-
gnait de perdre et que le médecin, son complice,
ordonnait de laisser s'ébattre librement. Habillée en garçon, Amélie prenait part aux jeux des
enfants du village. Cette liberté devait rendre les
retours au pensionnat particulièrement difficiles.
« Cette nature exubérante était comprimée dans
les murs du Sacré-Cœur, nous écrit Mme Caroline
Landriani. Elle saisissait toutes les occasions pour
sortir de la classe, soit pour cueillir des violettes
dont une de ses compagnes se montrait désireuse,
soit pour jouir d'un rayon de soleil, ce qui lui faisait tout à coup escalader la fenêtre de la classe.
En même temps, elle amusait ses camarades par
ses drôleries. » Mais si Amélie méritait souvent des
zéros de conduite, elle était très aimée de ses com-

pagnes, à cause surtout de sa bonté native. Néanmoins sa situation d'orpheline, s'ajoutant au poids de l'internat, embuait, à certains jours, la jeune pensionnaire de brusques tristesses. Ces deuils de son enfance et cette claustration scolaire contribuèrent à aviver précocement la sensibilité d'Amélie Gex.

III

ADOLESCENCE
(1849-1856)

A SA sortie du Sacré-Cœur, à l'âge de 14 ans, Amélie Gex vint vivre avec son père, le Docteur Marc-Samuel Gex, dans leur propriété de Villard-Martin, commune de La Chapelle-Blanche.

Le Docteur Gex avait fait ses études à l'Université de Turin et il avait été pendant sa première année à Chambéry l'élève affectionné du Docteur Guilland, professeur à l'Ecole préparatoire à l'Enseignement supérieur. Comme il était de tradition à cette époque, Marc-Samuel Gex soignait gratuitement ses malades, et vivait surtout des revenus de ses propriétés, augmentés par les honoraires en nature que la reconnaissance de ses clients lui prodiguait sous forme de *cadeaux*. Comme « il possédait une naturelle intuition médicale, on venait de loin le consulter ». Amélie Gex ne tarda pas à jouer auprès des malades de son père le rôle d'infirmière. « C'est elle qui débrouillait les chevelures rebelles, qui pansait les plaies, qui préparait des onguents pour faire repousser les doigts brisés. » Elle devint, ayant ainsi acquis quelques notions sur les soins à donner en cas d'urgence, la providence des malades de La Chapelle-Blanche et des environs.

Le domaine de Villard-Martin, dans la maison duquel était née Amélie, provenait de sa mère. Il avait été partagé, à la mort des grands-parents maternels, avec une tante, Mme Marie Burdin, femme d'un horticulteur fort réputé et dont le fils, Charles, devait être rédacteur en chef du *Patriote Savoisien*.

En 1852, le Docteur Gex vendit la maison de la grand'mère Rose à Challes pour acheter des vignes à Villard-Léger, près La Chapelle-Blanche (5 juin 1854).

Cette mutation de propriété eut des conséquences diverses. Elle éloigna d'abord Amélie de Chambéry ; ensuite, elle la força à vivre de la vie paysanne qu'elle devait si bien décrire. En effet, le Docteur Gex s'intéressant désormais à ses vignes de Villard-Léger où était son rendez-vous de chasse et où il aimait à recevoir ses amis, Villard-Martin fut abandonné par lui aux soins de sa fille qui, à 19 ans, dut ainsi s'occuper pratiquement des choses de la terre et se mêler journellement aux travaux de la ferme. Elle devint très forte en économie rurale, reçut de son oncle l'horticulteur des conseils éclairés ; c'est ce qui explique qu'elle put diriger plus tard avec compétence au *Père André*, journal hebdomadaire ou almanach, la rubrique agricole aussi bien que la rubrique des poésies patoises. C'est ce qui explique aussi la précision et la vérité des détails qu'elle donne quand elle décrit les choses de la terre. Le réalisme de l'œuvre d'Amélie Gex est fait de sincérité. Il reflète les vingt années qu'elle vécut parmi les cultivateurs.

2.

Le fermier du Docteur Gex était un nommé *Dieufils* dit *Prince*. C'était un paysan jovial qui était recherché pour son talent de conteur et de chanteur. Dieufils était la joie des veillées d'automne et d'hiver. Ces veillées en Savoie, J.-J. Rousseau (1) nous en décrit déjà le charme dans la *Nouvelle Héloïse*. Or, à La Chapelle-Blanche, tandis que les garçons cassaient les noix que l'on devait porter au moulin, que les femmes filaient, que les vieux surveillaient la cuisson des châtaignes, Dieufils racontait en patois, avec une verve intarissable, ses innombrables histoires ; ou bien il chantait ses chansons de conscrits. Dieufils fut le maître d'Amélie Gex et ce sont les histoires de son cru qu'elle rapporte dans les *Contes de la Bova*.

Dieufils, d'autre part, avait connu le temps où La Chapelle-Blanche, à quelque vingt minutes de la frontière douanière entre la Savoie et la France, était traversée mystérieusement par les contrebandiers qui, cheminant la nuit avec des lanternes sourdes suspendues à la ceinture, apparaissaient comme des feux follets ou des « sarvans ». Dieufils avait participé lui-même à des expéditions nocturnes ; il aimait à en narrer les péripéties. Voilà pourquoi, dans les contes d'Amélie Gex, il est si souvent question de contrebande et de contrebandiers. Là encore, nous retrouvons comme un écho des veillées de La Chapelle-Blanche.

(1) Cf. *J.-J. Rousseau en Savoie.* 1 vol., Chambéry, Dardel, édit., 1922.

A Villard-Martin, Amélie Gex trouva d'autres compagnons. Ce furent les livres de la bibliothèque de son père, parmi lesquels les œuvres complètes de Lamartine, Hugo, Dumas père. Amélie Gex se passionna pour la lecture. A la suite des grands romantiques, elle se créa une mystique déiste et humanitaire alors que, dans le même temps, la « vie désordonnée » du Curé de La Chapelle-Blanche l'éloignait des pratiques religieuses. Dès lors Amélie Gex devint une lectrice fidèle de la Bible.

IV

AMÉLIE GEX FIANCÉE
(1856)

Avec ses qualités de cœur et d'esprit, la situation de son père, l'héritage de sa mère, Amélie Gex, à vingt ans, était ce que l'on appelait alors un « bon parti ». Les demandes en mariage affluèrent ; mais son père renvoyait les prétendants en disant que sa fille n'avait pas de santé, qu'elle mourrait poitrinaire, etc. Cependant Amélie eut occasion de rencontrer et de connaître la famille Eyraud, laquelle habitait de l'autre côté de l'Isère le village de Barraux, dont on aperçoit, des croisées de Villard-Martin, le fort du même nom, célèbre dans l'histoire du Dauphiné et de la Savoie.

Ernest Eyraud, un des fils, qui était garde-forestier, s'éprit d'Amélie et la fit demander en mariage par sa mère. « Je ne sais comment, nous écrit Mme Landriani, on obtint le consentement du père ? Le jeune homme, simple et bon comme elle, plut à Amélie. Elle se fiança avec lui avant son départ pour la Bretagne où il était en service. Malheureusement, quelques mois plus tard, Ernest Eyraud mourut d'une maladie de cœur (12 décembre 1857).

« Amélie Gex fut très affligée de cette mort, car elle aimait ce jeune homme et en était vraiment et ardemment aimée. C'est ce sentiment et la douleur de cette mort qui poussèrent Amélie à tenter les expériences spirites qui étaient alors à leurs premières révélations. Et comme elle excellait en tout, elle fut heureuse dans ses expériences et entretint. avec l'âme de son fiancé et de sa mère à elle, une correspondance suivie et volumineuse, qui, si elle avait été conservée, ne serait peut-être pas sans intérêt aujourd'hui. Ce furent ses exercices et ses chagrins qui provoquèrent cette maladie nerveuse — la danse de Saint-Guy — qui l'obligea à aller, à 22 ans, aux bains de Divonne pour se soumettre au traitement de l'hydrothérapie dans un établissement dirigé par M. le docteur Vidard. »

V

SÉJOUR A DIVONNE
(1857)

Dans la petite société des malades de Divonne, Amélie eut un grand succès d'estime et d'amitié. Elle se distingua surtout par son habileté à organiser les amusements et à jouer les pièces de théâtre. Là aussi elle eut des demandes en mariage, qu'elle refusa.

Le docteur Vidard découvrit dans Amélie Gex un *médium* remarquable... On fit beaucoup de spiritisme, cette saison-là, à Divonne! Mais déjà plusieurs personnes avaient été frappées du talent de conteur d'Amélie Gex et l'avaient encouragée à écrire les récits dont elle les distrayait. Ce furent ces petits succès de Divonne qui, plus tard, permettront à Amélie Gex d'oser faire œuvre littéraire. Ils ne furent pas seuls à déterminer notre poète, mais leur souvenir eut une part d'influence. A Divonne il y avait des Parisiennes, des Genevoises, etc. : c'était déjà l'approbation d'un public choisi. D'ailleurs Amélie Gex avoue naïvement à son père, dans une lettre du 26 août 1857, que le docteur Vidard lui a dit qu'elle « avait une des meilleures têtes qu'il eût jamais rencontrées ».

VI

VIE NOUVELLE
A VILLARD-MARTIN
(1860-1873)

REVENUE à Villard-Martin, Amélie Gex, en 1860, eut le bonheur de voir son père s'unir en mariage avec Mlle Annette Charles, une de ses amies du Sacré-Cœur qu'elle affectionnait particulièrement. Cet événement heureux rendit vie et joie à la chère maison de Villard-Martin.

*
* *

Amélie Gex, d'ailleurs depuis son séjour à Divonne, n'était plus isolée moralement à Villard-Martin. Elle entretenait avec quelques amies, à qui elle s'était liée durant son séjour chez le Docteur Vidart, une correspondance suivie, en particulier avec Mlle Marcillac (1), institutrice dans une famille

---

(1) Mlle Marcillac, de son vrai nom Adèle de Marcillac, était née à Genève le 31 mars 1825. Elle était la fille d'un émigré français réfugié à Genève pendant la Révolution. Sous le premier Empire, M. de Marcillac servit dans les armées de Napoléon en Espagne. De retour à Genève, il acquit, après 1815, la bourgeoisie et embrassa la religion protestante. M. de Marcillac ouvrit un magasin de musique, place de la Taconnerie. Mlle de Marcillac ayant perdu ses parents de bonne heure, se prépara fortement à l'enseignement, carrière qu'elle adopta et à laquelle elle s'adonna complètement. Elle mourut le 27 décembre 1912, âgée de 87 ans.

à Genève, et avec Mlle Devès, de Bordeaux. De cette époque nous avons deux lettres à Mlle Marcillac qui sont pour nous du plus grand intérêt. Le 7 janvier 1861, elle lui écrivait : « Du reste toujours la même vie sédentaire et isolée, moins cependant qu'autrefois ; il me semble qu'à mesure que mon cœur s'est peuplé (passez-moi l'expression), ma solitude a revêtu un tout autre caractère. Ah ! qu'est-ce que l'affection n'embellit pas ! »

Malheureusement déjà Amélie Gex ressentait les premières atteintes de rhumatismes qui allaient la torturer cruellement jusqu'à sa mort.

Sur ses rhumatismes, elle plaisantait avec bonhomie ! « Vous me demandez ce que je fais et ce que j'ai pu faire le 1er janvier ? D'abord, mon amie, je souffre. Ceci c'est habituel et je n'en parle que pour mémoire. Je loge une quantité de rhumatismes errants depuis assez longtemps pour que je sois habituée à leur façon de procéder si peu agréable qu'elle soit. J'ai de plus cette année bien mal aux yeux par suite de douleurs de tête. J'ai probablement encore d'autres maux, mais je ne les regarde plus que comme des habitués de la maison à qui l'on est obligé de passer quelques menues fantaisies, voir même des caprices. Oh ! il faut bien se supporter les uns les autres ! » Ah ! si elle avait un peu plus de soleil pour se guérir !

« Notre hiver, sans être aussi rigoureux que les autres, n'en est pas moins désagréable à passer. Toujours de la neige ou de la pluie qui m'empêchent de sortir. Je ne puis penser à faire le peu d'exercice qui me serait si nécessaire... Impossible de sortir, le froid me fait trop mal. Oh ! que j'aurais voulu vivre toujours au soleil ! qu'il me semble que ces peuples privilégiés du Midi doivent se faire une triste idée de notre vie sous un ciel si souvent brumeux. C'est un rêve pour moi que de songer à ce bel Orient, pays de poésie et de soleil, où la vie est à découvert pour tous, où l'œil n'a pas le triste spectacle de cette mort de la nature bientôt suivie d'une brillante résurrection, mais qui n'en est pas moins pénible pour nous. Je me dis souvent que c'est encore une bonté de Dieu... ce qui ne m'empêche point de demander chaque jour un peu de soleil. Que voulez-vous ? C'est mon faible, il faut me le passer. »

A Villard-Martin, Amélie Gex, encouragée par les approbations qu'elle avait reçues à Divonne, encouragée encore par les conseils amicaux de Mlle Marcillac, s'était laissée aller à oser composer quelques poésies françaises. Le 7 janvier 1861, elle écrivait à Mlle Marcillac : « Je suis contente que les quelques vers que je vous ai envoyés vous aient fait plaisir. Puisque vous me le demandez, je vous en envoie encore qui sont éclos un soir de l'automne dernier. Si votre indulgence et votre amitié leur accordent quelques pauvres mérites, celui d'être *vrais*, c'est-à-dire de n'avoir point exprimé des sentiments imaginaires et inventés seulement pour le besoin de la cause. Quant à vous en envoyer souvent, cela serait difficile attendu qu'il est bien rare que j'écrive tout ce qui me passe par la tête ou par le cœur. Cependant, comme nous sommes en communion de sentiments et de pensées, chaque fois que je croirai vous faire plaisir, vous en aurez ; mais je vous en prie, amie, soyez sévère pour moi, reprenez-moi à chaque chose que vous ne trouverez pas bien. C'est le moyen de réaliser à peu près en moi cet idéal que votre affection seule croit avoir trouvé. »

Quatre pages plus loin, la même lettre se terminait sur ce post-scriptum :

« Doux silence des nuits, ombres mystérieuses,
Zéphirs qui soupirez, ô voix mélodieuses,
Qui parlez à mon cœur d'espérance et de foi. » Etc.

« Ces vers sont tirés de mon cœur et un peu de la lecture d'une traduction des *Nuits* d'Young, que vous connaissez probablement. J'en ai, je crois, encore quelques-uns que je vous enverrai si cela vous fait plaisir. C'est une espèce d'imitation du genre, bien modifiée comme vous voyez ; mais le pinson n'a point la prétention de chanter comme le rossignol ! »

Mais ce ne sont là que des tentatives qu'Amélie Gex n'entend point continuer, car elle sent qu'il lui manque l'instruction première, et elle ne veut pas devenir « bas bleu ». Voilà pourquoi elle résiste aux conseils de Mlle Marcillac.

« Mon amie, vous me gâtez bien avec vos éloges ! Songez que je vous aime et vous estime trop pour ne pas croire que vous êtes sincère. Heureusement pour moi que je me connais passablement et que je

puis remplacer par d'humbles retours sur moi-
même les douces flatteries que votre amitié croit
que je mérite. Oh ! entendons-nous, j'ai dit flatteries, ne prenez point ces mots, je vous en prie, en
mauvaise part. Non, je sais bien que vous croyez
à vos paroles, c'est justement ce qui est plus dan-
gereux pour moi. Mais, Adèle, comme je vous le
dis, je sais à peu près ce que je pèse et sans rien
enlever de la part que Dieu m'a faite, je ne puis
cependant croire à toutes vos illusions, mon amie,
je me le suis dit bien des fois. C'est dommage,
j'étais une bonne nature, j'aurais pu aller loin,
peut-être, dans la voie des connaissances humaines ;
mais, par la faute des circonstances d'abord, plus
tard par celle des hommes, ensuite par la mienne, je
n'ai point profité des dons que Dieu m'avait confiés. Sans doute de tout cela il en est resté quelque
chose, je puis encore remercier la Providence de ce
qu'elle m'a laissé ! Mais, pour arriver là où je serais
allée si j'avais été bien élevée ? Non, Adèle, cela
ne se peut pas. Je sais qu'à tout âge on peut avan-
cer l'œuvre de son perfectionnement, mais encore
faut-il qu'il y ait de solides bases à l'édifice, sans
cela ce n'est qu'un château de cartes ou de sable
qui ne résiste pas d'habitude aux vents et aux tem-
pêtes de l'existence. C'est malheureux pour moi
d'avoir compris trop tard la vérité, c'est malheureux d'avoir vécu dans un milieu si peu propre à
me donner ce qui me manquait. Comme je ne me
sens presque plus d'ambition personnelle, rester
à l'ombre, vivre pour quelques bons et braves

cœurs que j'aime, essayer de continuer en moi
l'œuvre que l'expérience un peu hâtée de la douleur a ébauchée, tout cela me semble préférable à
une de ces grandes tâches qui souvent perdent
ceux à qui elles sont confiées. Voilà, mon amie, un
mot de vérité sur moi. Merci de croire à ces grandes
qualités que votre cœur a cru que j'avais. Je me
souviendrai toujours avec bonheur que vous ne
m'en avez pas jugée indigne. » Amélie Gex restera
donc avec les cultivateurs de Villard-Martin... Ce
ne sera que quinze ans plus tard, quand elle sera
venue à la ville, qu'elle osera, pour se distraire de
ses douleurs physiques, s'adonner à nouveau à la
poésie.

D'ailleurs, pourquoi Amélie Gex quitterait-elle
la campagne ? A cette époque de sa vie, elle dé-
teste cordialement le monde et ne lui ménage pas
son mépris, comme un vrai Père de l'Eglise !

« Oh ! le monde, mon amie, le monde contre qui
le Sauveur tonnait déjà dans son Evangile. Le
monde, cet être insaisissable et multiple, ce poi-
gnard qui tue sans qu'on sache qui l'a dirigé, ce
poison qui corrode nos meilleures actions, qui jette
un peu de son venin sur tout ce qui choque ses
instincts méchants et vulgaires. Le monde... ! Il me
semble que j'éprouverai un bien grand bonheur à
lui dire son fait. J'ai quelquefois de ces envies-là
et je crois qu'un jour j'y succomberai. Pourquoi,
quand on descend de la généralité à l'individualité
humaine, trouve-t-on tant de beaux types, tant
d'âmes et de cœurs dignes d'estime et de respect, et

comment il se fait qu'en remontant de la partie au tout on ne trouve plus que méchanceté, égoïsme et bêtise ? Dites, amie, le savez-vous ? Ah! dites-le moi alors. C'est une pensée qui me préoccupe souvent. Je me pose quelquefois ce problème à résoudre ? Comment pourrait-on arriver à conserver dans chaque être son vrai type, son caractère, tout en le pliant aux exigences morales de la société. Il me semble quelquefois que j'approche de la vérité, mais pas assez pour dire comme feu Archimède : « Je l'ai trouvé. » Après cela, c'est bien présomptueux à moi jeune fille de croire qu'il m'est permis de résoudre de ces questions-là. Allons donc ! me dit-on quelquefois, vous n'avez point de goût, point d'idée, on vous parle toilette, broderie, cancans, et vous ne répondez rien ou, ce qui est bien pire, vous parlez sculpture, littérature ou politique ! Sont-ce des choses qui nous regardent, nous autres femmes ? Allons donc, petite fille, soyez du monde où vous vivez, sans cela vous ne serez qu'un être ridicule et qu'on évitera. Et voilà, chère, les beaux sermons auxquels je m'expose parce que je ne sacrifie point ouvertement ces *niaiseries* de sentiment à la dernière nouveauté de la mode. Bientôt il faudra se défendre d'admirer autre chose que le jupon albanais ou le bijou russe. Pardon de cette boutade, mon amie, mais si vous saviez quelle irritation produit sur moi cette tendance que les femmes ont d'éluder pour elles tout devoir sérieux, toute réflexion sérieuse et morale, vous me pardonneriez de les traiter un peu durement. Eh ! quoi ! Des

femmes qui ont mari, enfants, qui ont charge
d'âmes enfin vont éparpiller leurs facultés intellectuelles, les plus beaux dons que Dieu leur ait confiés, sur ces minuties indignes de la grave mission
qu'elles devraient remplir. Oh ! c'est trop fort et
c'est surtout nous ravaler trop bas que de con-
traindre notre esprit à ne point s'élever au-dessus
de ces puérilités. Assez, n'est-ce pas ! Sur ce cha-
pitre-là, je ne me tairai plus, et comme ce n'est
point pour vous que je parle ainsi, il faut apaiser
un peu mon courroux. Ma pauvre Adèle, je crois
que si je devais vivre dans le monde, je me ferais
un mauvais parti auprès des gens qui trouvent que
l'âme et le cœur, c'est tout au plus bon pour l'âge
où l'on va à l'école. » Que voilà des déclarations
virulentes et un *féminisme* ardent que nous
retrouverons chez Amélie Gex, rédacteur en chef
du *Père André* !

Les lettres à Mlle Marcillac nous révèlent encore
une Amélie Gex fort préoccupée des problèmes
religieux. Par la suite, elle se créera une religion
personnelle, dont le *Credo de Dian de la Jeânna*
sera l'expression. Mais déjà, en 1861, Amélie Gex
n'en était plus à l'orthodoxie catholique ; elle était
déjà hétérodoxe. Elle écrivait en effet à Mlle Marcillac, qui était protestante : « Non, Dieu que nous
aimons, Dieu que nous servons de tout notre cœur,
n'est point capable d'épouser toutes ces haines,
toutes ces rancunes des hommes. Et puis, mon
amie, vous qui réfléchissez, vous devez voir dans

les événements présents le commencement d'une rénovation ; nous ne pouvons plus rester ainsi, c'est évident. Il faudra qu'on comprenne, malgré les répugnances de quelques-uns et les scrupules intérieurs de beaucoup d'autres, que le *catholicisme* a besoin de se retremper aux sources primitives, et alors qui vous empêchera de venir à nous quand nous pourrons vous dire : Frères, nous servons le même Dieu, réunissons-nous au pied du même autel pour l'adorer suivant cette belle parole du Christ, *en esprit et en vérité*. En attendant, prions, mon amie, prions pour tous ceux qui n'ont point encore en eux ce désir de paix et d'union. Prions l'une pour l'autre, pour nos amis, pour nos parents. C'est si bon de prier ? C'est si consolant surtout de se dire que *là-haut*, bien au-dessus de toutes ces passions d'ici-bas, notre âme trouve une région calme et sainte où elle peut se reposer des fatigues de la lutte, se retremper dans l'esprit de Dieu, pour revenir plus forte et plus confiante combattre ici-bas la douleur et le doute. » C'est déjà le spiritualisme que nous retrouverons dans le poème : *A une âme sincère*. De cette époque date, du reste, un curieux document (1). C'est une prière, comme

---

(1) *Prière*

« Mon Dieu, mon âme s'élève vers vous comme son principe. Mon cœur vous cherche comme le seul bien véritable et qui puisse apaiser l'ardent besoin d'aimer qu'il éprouve. Vous avez dit aux hommes : Cherchez et vous trouverez, frappez et l'on vous ouvrira...

« Mon Dieu, j'ai foi et j'ai confiance, ne me rejetez pas loin de vous comme indigne. Je vous dirai, Seigneur, ainsi que S' Pierre : Où irions-nous donc si ce n'est vers vous pour avoir les paroles de

J.-J. Rousseau en avait composé plusieurs aux
Charmettes (1), et comme on aimait à en composer
dans les milieux calvinistes auxquels appartenait

vie ? N'est-ce point vous qui êtes mon Père et mon Rédempteur,
et quand l'enfant demande quelque chose, n'est-ce point à son
Père qu'il s'adresse ?

« Ainsi donc, ô mon Dieu, je viens à vous pour vous prier d'ouvrir mon esprit afin qu'il comprenne, de lever le voile qui est
devant mes yeux afin qu'ils voyent et que voyant et comprenant
mon cœur puisse vous aimer autant qu'il y a de vie et de force en
lui. Hélas ! A quoi me servirait, Seigneur, de ne pas confesser mon
indignité et mes fautes puisque vous avez promis le pardon au
vrai repentir. Oui, j'avoue que si vous entrez en jugement avec
moi votre justice doit me punir, mais si vous êtes sévère qui
pourra subsister devant vous ?

« O mon Dieu ! Ayez pitié de votre créature, étendez sur elle le
manteau de votre miséricorde, souvenez-vous de celui qui nous a
tout donné : sa vie, son sang pour nous racheter. Voyez les désirs de
mon cœur, voyez le repentir de mon âme et laissez dormir votre
vengeance. Attirez-moi vers vous, Seigneur, découvrez-vous à
moi, mon Père, faites que celle qui pleure et qui souffre soit guérie et consolée ; que faut-il pour cela ? L'ombre d'un de vos regards et votre créature vivra. Que votre amour soit ma vie, que
votre volonté soit ma seule loi, que la charité de votre fils
remplisse toute mon âme ; faites, mon Dieu, que j'aime mes frères,
que je puisse les aider à vous servir, faites que mes souffrances
m'apprennent à les consoler, que mes doutes me fassent comprendre les leurs. Oh ! ne permettez pas que les larmes que j'ai versées
ne servent qu'à moi, non, je les offre à votre justice pour ceux qui
n'ont pas encore souffert afin que leur bonheur continue. S'il vous
plaît, mon Dieu, donnez à mon intelligence la lumière, à mon
esprit la force de s'élever au-dessus des sphères matérielles de la
vie humaine, faites qu'il ne s'égare point dans la recherche de la
Vérité. Ce que je vous demande surtout, c'est l'humilité. Oh ! que
jamais l'orgueil ne pénètre en moi, étouffez-en le germe dans mon
âme. Que je vous rende toujours toute la gloire qui vous revient,
que jamais je n'oublie de vous remercier de vos bienfaits pour
moi et pour les autres ; que j'accepte avec soumission, avec
amour toutes les épreuves de la vie ; faites que ceux qui m'aiment
soient récompensés de leur affection ; ne permettez pas que nos
cœurs se désunissent, que nous vous offensions jamais par notre
propre volonté. Mon Dieu, je vous aime, je vous offre tout ce
que votre bonté m'a donné. J'espère en vous. ne permettez pas
que mon espérance soit trompée. »

(1) Cf. *J.-J. Rousseau en Savoie.* 1 vol., Chambéry (Librairie
Dardel), 1922.

Mlle Marcillac, dont Amélie Gex subissait l'influence.

*
* *

A 25 ans, Amélie Gex aimait donc à parler art,
littérature, religion, politique. Sur ces divers sujets
elle entretenait longuement ses amies avec lesquelles elle était en correspondance. Ses lettres
devaient être bien curieuses si l'on en juge par les
quelques extraits que nous venons de donner ;
malheureusement le plus grand nombre a disparu (1). Mme Landriani a pu cependant retrouver
encore une lettre d'Amélie Gex, relative aux événements politiques de 1860 (2), année qui fut une
grande date dans l'histoire de la Savoie, puisqu'elle
vit sa réunion à la France, à la suite d'un vote populaire. Cette lettre, pleine de réalisme, nous montre
que déjà à cette époque Amélie Gex s'inté-
ressait à la vie politique locale. Quoique jeune
fille, elle n'hésitait pas à donner son avis, comme
plus tard au *Père André*. Mais, en 1860 comme
en 1880, la politique locale lui apparaissait d'un art
peu relevé :

(1) Sur la disparition de cette correspondance, Mlle Marcillac
écrivait le 27 avril 1902 à Mme Landriani : « Je suis en train de
relire et de détruire toutes mes lettres, ce qui me coûte beaucoup.
Mais je suis convaincue que c'est là mon devoir, quand je cons-
tate ce que deviennent les correspondances intimes, tombant
sous les yeux d'indifférents. »
(2) Sur ces lettres de 1860 et 1861, Mme Landriani nous écrit :
« Ces deux lettres, Mlle Marcillac me les avait fait passer il y a
bien des années, je les ai copiées et lui ai renvoyé l'original
qu'elle désirait garder. Sans cette bonne et chère pensée, j'eusse
ignoré leur existence. »

« Villard-Martin, 2 mai 1860.

« Ma bien chère Adèle,

« Oh ! que je pense souvent à ce temps-là (1),
surtout pour désirer qu'il me soit rendu, si ce n'est
point dans les mêmes conditions, tout au moins
que j'aie le bonheur de vous voir encore quelquefois, mes bonnes amies de France, les seules personnes que j'aime dans ma prétendue nouvelle
patrie. Car enfin, il n'y a pas à s'en dédire, nous
voilà Français jusqu'au cou. Vous ne trouveriez
pas un seul paysan de Savoie qui ne dise tout bas .
C'est singulier, tout de même, cette manière de
demander mon vote ! Oh ! tenez, mon amie, cela
fait mal au cœur de voir ce qui se passe dans notre
chère Savoie... C'est un vertige, c'est une confusion
sans pareille qui s'empare des têtes de tous ces
hommes, c'est à qui courra plus vite au devant des
places, des honneurs, des croix et de ces mille
riens que le monde a pris parti de croire quelque
chose d'indispensable au bonheur. Pauvres fous
qui tous croyent tenir un bon numéro dans cette
loterie de la fortune et qui ne s'aperçoivent pas
qu'ils ont mis pour enjeu ce qu'ils avaient de plus
précieux : leur honneur, pour recueillir un peu de
cette eau bénite de cour dont ils paraissent faire
tant de cas. Ne croyez pas cependant, ma chère
Adèle, que je n'aime pas la France ! Oh ! le noble
pays, le grand peuple, oui, je l'aime, c'est avec

(1) Le séjour à Divonne.

bonheur que j'aurais vu le drapeau français dans notre pays, si digne, lui aussi, de marcher sous son ombre ; mais j'eusse demandé un peu plus de respect des vieilles traditions d'un côté, et un peu plus de souvenir pour nos glorieux et magnanimes souverains de l'autre. C'était une nécessité pour nous d'abandonner notre antique croix blanche, nous devions payer le sang français versé pour l'Italie, mais devions-nous rendre notre bon Victor responsable des désirs ambitieux de votre Napoléon ? Pauvre roi, il est bon, il nous aimait nous ses Savoyards (car pour lui nous n'étions pas encore devenus des Savoisiens), et qu'a-t-il reçu pour prix de son affection ? Des reproches, des malédictions qui, je l'espère, ne retomberont que sur la tête de son ministre, ou, pour mieux dire, ne retomberont nulle part. Vous avez su, n'est-ce pas, **que** tous nous avions voté : *Oui*. Eh ! bien, mon amie, si jamais je vous vois, je veux me faire le plaisir de vous conter longuement la chose. C'est une page d'histoire bien curieuse et bien navrante tout à la fois. Vous savez si je dois connaître de monde dans un pays où tous se connaissent. Eh bien ! il y a huit jours, je vous aurais dit : Je connais encore quatre personnes qui se souviennent et qui regrettent. Aujourd'hui, je ne sais plus que deux hommes restés fidèles à leur affection, sans arrière-pensées, sans bouderies, sans rien enfin contre l'ancien état de choses ; demain, seront-ils encore du même avis ? Qui sait ? C'est bien long jusqu'à demain !

« Cependant, tout en regrettant le roi, le drapeau

et notre vieux nom, j'avoue que matériellement
d'abord nous gagnons énormément ; c'est d'ailleurs la seule considération qu'on ait fait briller à
nos yeux, il ne pouvait en être autrement ! Que
manquait-il chez nous, sinon de l'argent ? Vous ne
connaissez pas ce pays-ci, ma chère, presque personne ne le connaît ; mais dans dix ans, nous serons
parmi les départements les plus riches de la France
sous le rapport agricole. Quant à l'intelligence, nous
avons beaucoup à faire, presque tout dans plusieurs endroits, et c'est une des choses qui me tou-
che le plus. En devenant Français nous aurons au
moins la chance d'avoir pour mes pauvres villageois encore si arriérés, dans un avenir prochain,
quelque progrès à espérer. Le contact continuel et
immédiat de nos populations ignorantes avec les
départements voisins produira un excellent effet.
Assez sur ce sujet, n'est-ce pas ?

« Si vous nous connaissiez mieux, je pourrais
ajouter quelques anecdotes très drôles, mais je
crains pour vous qu'elles manquent de sel. Cependant je ne puis m'empêcher de vous dire un mot
d'un des membres de la députation prétendue
savoisienne. L'empereur, s'adressant à lui, disait :
« Monsieur, je pense rendre vos compatriotes et
vous-même très heureux en conservant aux nouveaux départements français leur ancien nom de
Savoie... — Oh ! Sire, fut-il répondu, pourquoi faire ?
Chez nous ils n'y feront pas attention et pour moi
je prendrai bien le nom que vous voudrez. » (*Textuel.*)
Il y en a bien dix mille comme cela qui courent le

uonde. Dans le début de la discussion sur l'annexion, une dame me disait pour me faire renoncer à mon opposition : Mais, ma chère demoiselle, nous y gagnons beaucoup, enfin un exemple : *le Magasin des demoiselles*, journal de mode, ne coûtera plus que 12 fr. au lieu de 13 fr. 50 comme il nous coûtait, et ceci n'est point à dédaigner. Encore un mauvais calembour pour finir et puis vous en serez quitte comme cela. On disait : Ce pauvre Victor Emmanuel est bien triste, il n'a plus envie de chanter depuis qu'il a perdu *Savoie*. C'est atroce ! Et celui-ci : Un monsieur fit toutes les démarches possibles pour être nommé syndic de la commune. Ce monsieur est marié depuis longtemps et n'a point d'enfants, ce dont il est très vexé. Quelqu'un disait de lui : Oh ! M. X... a vraiment du guignon, il ne peut être ni père, ni *maire*.

« Sur ce, chère Adèle, je me sauve à toutes jambes, en vous promettant de revenir après déjeuner.»

Sur les dix années qui suivirent 1860, nous avons peu de renseignements sur la vie d'Amélie Gex. Nous savons que, pendant cette période, elle s'adonna plus particulièrement à l'agriculture. Le Docteur Gex ayant été repris à nouveau par ses vignes de Villard-Léger, le domaine de Villard-Martin fut alors géré par Amélie et Mme Gex. Ces deux femmes, sans doute pour augmenter leurs revenus, se passèrent de fermiers et firent valoir leurs terres directement à l'aide d'ouvriers à la journée. Pour procéder ainsi, il fallait qu'Amélie Gex possédât à fond le métier d'agriculteur. Ce n'était pas une fermière en chambre qui se permettra, dans le *Père André*, de donner des conseils sur les semailles et la tenue du jardin !

Les lacunes que présente notre documentation sont d'autant plus regrettables que nous aurions aimé connaître par exemple l'opinion d'Amélie Gex sur la guerre de 1870 et la chute de l'Empire. Quel retentissement ces événements eurent-ils dans son entourage ? Surtout quelles réflexions lui inspirèrent-ils ? La tradition orale veut que, pendant la période de l'Empire libéral et lors des élections de 1869, le Docteur Marc-Samuel Gex dirigea à La Chapelle-Blanche l'opposition républicaine. Il est probable aussi que par affection pour son cousin Charles Burdin, qui allait devenir un des chefs du parti républicain savoyard, Amélie Gex milita pour la République. Il ne faut donc point s'étonner si ce fut dans les milieux républicains de Chambéry qu'Amélie Gex se révéla chansonnier, poète, journaliste à partir de 1878. C'est l'imprimerie républicaine de Ménard qui assurera la première édition de ses œuvres. C'est Jules Carret (1), une des personnalités les plus caractéristiques et les plus populaires du parti républicain savoyard,

---

(1) Le Dr Jules Carret, en dehors de ses travaux scientifiques et archéologiques qui ne sont point sans valeur, a laissé de curieux traités d'athéisme soit sous la forme de roman, comme dans *Mémoires d'un Médecin de Marine*, qu'il signa du pseudonyme de Paul Arizi ; soit sous la forme de traité philosophique comme dans sa : *Démonstration de l'inexistence de Dieu* ; Paris, Lemerre, 1912.

qui révèlera au public l'identité entre Amélie Gex
et son poète favori : *Dian de la Jeânna.*

L'évolution d'Amélie Gex vers la république
anticléricale d'après 1870 fut d'autant plus facile
que nous savons par un fragment de lettre à
Mlle Marcillac que, pendant cette période qui va
de 1860 à 1873, notre futur poète a perdu sa foi religieuse si voisine du catholicisme et dont sa *Prière*
était une manifestation précise. « Que je voudrais
bien passer quelques bonnes heures près de vous,
comme il me semble que votre grand bon cœur me
ferait du bien ! Vous avez vous aussi des tristesses
qui s'allieraient bien aux miennes, mais, de plus,
vous avez cette haute sérénité *que donne la foi et
la conviction*, et moi mon Dieu, *je cherche ?* » Que
cherchait-elle ? Cette religion spiritualiste qu'elle
confessera dans son admirable poème *A une âme
sincère*, et qu'elle retrouvera devant les dégoûts que
soulevèrent en elle le grossier matérialisme de certains milieux et la tâche qu'elle s'était imposée
de sauver l'âme d'un jeune poète !

VII

MORT DU DOCTEUR GEX
(1873)

UNE TENTATIVE COMMERCIALE
D'AMÉLIE GEX
(1874)

Le Docteur Marc-Samuel Gex étant mort en 1873, sa veuve et sa fille vendirent les vignes de Villard--Léger, puis partie des terres de Villard-Martin. Cette liquidation opérée, elles décidèrent de venir résider à Chambéry. Les motifs qui poussèrent ces dames à prendre une résolution aussi grave furent divers. D'abord la nécessité où elles se trouvaient de permettre au fils (1), né du second lit, de commencer des études au Lycée. Ensuite, la santé d'Amélie Gex devenait inquiétante, elle ne pouvait plus supporter en hiver l'air trop vif de Villard-Martin. Enfin Mme Gex croyait pouvoir mieux défendre ses intérêts, engagée qu'elle était dans plusieurs procès relatifs à un échange malheureux fait par son père. Pour sauver les débris de sa fortune, Mme Gex avait dû plaider.

A Chambéry, les dames Gex vinrent habiter, rue Trésorerie, un petit appartement. Amélie, qui avait

---

(1) Me Albert Gex, avoué près la Cour d'Appel de Chambéry.

été l'activité même à Villard-Martin, ne put s'habituer à sa nouvelle vie de rentière. « L'inaction, écrit-elle, que la ville m'imposait devint pour moi une atroce torture. Le médecin, le 15e ou le 16e que je consultai, me dit ne pouvoir me sauver si je ne me créais pas une occupation quelconque. J'étudiai la photographie. Je fis un voyage à Milan, je montai un atelier et me mis au travail. Dieu ne le voulait pas, voyez-vous, je fus prise de douleurs nerveuses et de grosseurs aux mains qui bientôt m'interdirent tout espèce de travail. » Effectivement Amélie Gex s'était rendue en 1873 à Milan, où elle fit un apprentissage de six mois chez le photographe Heyland. A son retour, elle monta, rue de la Gare, à Chambéry, sous l'enseigne « Photographie italienne», un atelier qu'elle ferma au bout de peu de temps pour cause de santé (1). Ce fut une grave désillusion qui vint s'ajouter aux difficultés matérielles nées du côté de Mme Gex de la poursuite de procès longs et coûteux. Amélie Gex connut alors une véritable crise de désespérance. « Oh ! que je regardais alors la terre avec envie bien souvent, écrivait-elle, et qu'il me semblait que j'avais mérité ce repos que j'ambitionnais ! »

---

(1) A cette époque, la plaque Lumière n'était pas inventée et le métier de photographe comportait alors un grand nombre de manipulations chimiques. Ce travail préparatoire, aujourd'hui supprimé, aggrava les rhumatismes d'Amélie Gex. Elle fut atteinte de rhumatisme déformant des mains et mise ainsi dans l'impossibilité physique de continuer sa nouvelle profession.

VIII

AMÉLIE GEX DEVIENT POÈTE
(1875)

COMMENT, malgré ses souffrances physiques
continuelles, malgré ses soucis matériels,
Amélie Gex devint-elle poète ? C'est elle-même qui
va nous l'apprendre : « Il fallait vivre cependant....
les douleurs nerveuses ne peuvent pas tuer. Puis
j'avais à songer à ceux qui m'entouraient. Alors,
Caroline, la pauvre enfant, me voyant si triste, si
déshéritée pour ainsi dire, chercha un nouveau le-
vier pour me rendre le courage et l'espoir ; c'était encore le travail, mais un travail pouvant s'adapter
à ma situation maladive, et, sachant qu'autrefois
j'avais essayé de la poésie, elle fit tant par ses encouragements, par ses conseils que j'acceptai. Voilà
pourquoi depuis trois ans je vis encore, parce que
je travaille, parce que cette pauvre âme si dé-
sœuvré s'est reprise à penser, à rêver, à sentir, à
vivre de cette grande vie universelle que Dieu sème
à profusion sur les êtres et les choses et dont je
sens la douceur par une mystérieuse intuition. »

Ainsi donc la première confidente d'Amélie Gex
poète fut Mme Caroline Landriani. Cette dernière,
d'origine italienne, était nièce de Mme veuve Gex.
Venue en Savoie en 1871, elle avait reçu l'hospita-

lité chez sa tante pendant l'été à Villard-Martin
pour y achever une convalescence. Guérie, Mme
Landriani continua à rester chez sa tante, jouis-
sant de l'amitié d'Amélie Gex à qui elle prodiguait
les soins les plus affectueux. « Ma petite Caroline,
écrivait Amélie Gex, est bien le cœur le plus dévoué
le plus franc, le plus loyal que je connaisse. Depuis le premier jour de notre amitié, qui est celui
de notre rencontre, tout ce qu'une fille aurait
donné de soins à sa mère, tout ce qu'une amie a de
douceur et de trésors à dépenser pour l'être qu'elle
aime, je l'ai eu de Caroline. » Or, voici en quels termes Mme Caroline Landriani nous raconte l'ini-
tiation poétique d'Amélie Gex : « Elle me fit lire un
jour ses premiers vers, composés sans connaître
les règles de la prosodie. C'était les premières
strophes du livre de « Job ». C'était encore des
élégies, des souvenirs d'enfance, tous des cris de
douleurs sortis de son cœur simplement et sans
travail. Après cette lecture, je lui conseillai
d'écrire. Dès lors nous nous mîmes à la besogne.
Je lui achetai un dictionnaire de rimes. Et elle
se distrayait de ses douleurs physiques et morales en composant une pièce de vers presque chaque jour. Elle ne soignait pas l'orthographe ; c'est
moi qui, le dictionnaire et la grammaire à la
main, corrigeais... Elle composait avec une grande
facilité et sans avoir l'air d'être absorbée par
ce travail... L'hiver, elle travaillait au coin du feu,
assise sur une petite chaise dont elle disait : « La
petite chaise c'est moi ! » Le matin, elle fredonnait

l'air connu sur lequel elle voulait composer sa chanson patoise. Puis, tout en se livrant à des travaux culinaires, elle chantait le chant nouveau. » — Néanmoins l'apprentissage du métier de poète fut rude à ce que nous confesse Amélie Gex. Elle écrivait en effet à Mlle Marcillac : « Ce que j'ai dû dépenser d'énergie pour me mettre à même d'aborder sérieusement la poésie dans ses manifestations multiples, peut-être ne le comprendrez-vous pas, car vous ne savez point à quel point j'étais ignorante de tout. J'avais vécu de cette vie intellectuelle qui découle plus du sens intime des choses que de leur connaissance réelle. Je ne savais ni l'histoire, ni la littérature, ni la grammaire, ni rien enfin de tout ce qu'il faut savoir pour écrire. Alors, j'ai pris mon cœur à deux mains et je lui ai demandé de me dire simplement, sincèrement, ses amours et ses tristesses, et *jour par jour, heure par heure, j'écrivais m'aidant de l'instinct musical que j'ai je crois plus intense qu'une autre.* »

Pour vaincre toutes ces difficultés provenant de son impréparation scolaire, pour avoir l'audace d'oser écrire, surtout à une époque où les auteurs jouaient facilement au pontife, les encouragements de Mme Caroline Landriani n'auraient sans d ute pas été suffisants, si Amélie Gex n'avait trouvé dans ses pratiques spirites une sorte de réconfort surnaturel. C'est du moins ce qu'elle nous apprend dans une lettre du 11 mai 1882. « Aujourd'hui, écrit-elle à son correspondant d'alors, je viens vous offrir le

résultat de diverses inspirations poétiques que j'ai
ressenties et sous l'influence desquelles j'ai écrit les
livres que je vous envoie. Il est bon de constater,
Monsieur, pour laisser à l'œuvre son véritable
esprit, que jusqu'en 1872 (1) j'ignorais les rudiments
mêmes de la prosodie, que je n'ai écrit et composé ces
ouvrages et d'autres encore que sur l'ordre péremptoire et sans cesse réitéré de mes inspirateurs d'outre-tombe. Du reste. la dédicace de mon premier
recueil poétique est l'aveu et la consécration de ce
que j'avance... Je dois encore vous avouer que je
n'ai jamais dit encore publiquement de quelle nature étaient mes inspirations. En cela j'ai suivi les
ordres exprès que je recevais de mes conducteurs.
« Il faut te faire accepter d'abord, me disait-on,
dans différents genres très opposés afin de convaincre mieux lorsque tu devras divulguer la vérité. »
J'ai compris la justesse de ces paroles et me suis
contentée jusqu'ici d'essayer plusieurs genres.
C'est ainsi qu'à côté des poésies françaises j'ai publié déjà plusieurs fascicules de chansons en dialectes savoyards soit politiques soit simplement
dans le genre bucolique. »

(1) Par erreur : 1875.

IX

LE CHAMBÉRY RÉPUBLICAIN
D'APRÈS 1870

A ces encouragements familiaux et psychiques qui viennent de nous être révélés s'ajouta l'excitation cérébrale propice à la production littéraire qui lui vint par le milieu très original où Amélie Gex vivait depuis son installation à Chambéry.

Ce milieu était imprégné de la mystique républicaine la plus noble et la plus désintéressée. Il comptait des républicains chevronnés comme l'avocat Cousset, proscrit du Coup d'Etat de 1852, qui s'était réfugié à Chambéry et y avait fondé une famille. D'autres qui avaient connu les tracasseries policières de l'Empire et avaient fait le coup de feu contre les Prussiens dans l'Armée de Garibaldi, comme Charles Burdin, le Commandant Michard, le Docteur Jules Carret. Ces démocrates d'alors, qui n'avaient pas encore été corrompus par le pouvoir, avaient le culte et le respect de l'intelligence, se faisaient un devoir d'honorer le talent et le caractère. Quand ils avaient proclamé la République à Chambéry le 4 septembre 1870, ils avaient mis à leur tête Pierre Lanfrey qui signait fièrement : homme de lettres. Ils s'honoraient tous de l'amitié d'un anticlérical notoire qui, pour lors, vivait dans la capitale de l'ancien duché, M. le baron Ponat, auteur d'une *histoire des Variations de l'Eglise catholique.*

Cousset fils, dont le père était l'avocat de Mme Gex, voyait fréquemment cette dernière. Il fut un des premiers à lire les vers français d'Amélie et ce fut lui qui en fit la révélation à Charles Burdin.

Cette indiscrétion valut à Amélie Gex de la part de son cousin cette charmante lettre :

« Chambéry, le 16 mars 1877.

« Ci-inclus l'épreuve de ton joli, joli poème le *Matin* que je suis fort heureux de publier. Il paraîtra demain. Veuille la revoir et la corriger si j'ai laissé passer quelque faute... Mon ami Cousset m'a prêté tous tes cahiers, il y a tout plein de choses délicieuses, je n'en ai pas terminé la lecture, mais je suis enchanté de ce que j'ai lu. Il faut publier ça ! Il faut !

« Adieu, ma chère cousine, et confrère en Apollon !

« Tout à toi,

« Ch. BURDIN. »

Cette lettre, c'était pour Amélie Gex la consécration, alors si recherchée et si à la mode, d'un *cénacle d'initiés.* Parmi eux signalons Charles Burdin et Ménard. Charles Burdin était pour Amélie non seulement le « bon Charles » dont l'enfance lui avait été confiée pendant les vacances qu'il passait à Villard-Martin, et dont elle avait encouragé la passion pour le *dessin*, ainsi que les goûts d'architecte paysagiste, mais encore l'auteur des *Amours de Tête*, des *Rimes galantes*, des *Heures noires* (1). C'était encore le bohème fastueux qui avait dissipé une énorme fortune pour l'époque, en prodigalités de toutes sortes et dont la conversation étincelante était aimée d'un petit cercle d'amis chambériens. Un vrai chercheur de rimes, qui, continuait la tradition des poètes *minores* du xviie siècle et des libertins du xviiie, et qui, malheureusement, finit par sombrer dans la politique électorale qui l'accapara, puis le tua... Ce fut un désastre pour la Savoie littéraire.

A côté de Charles Burdin et comme son ombre, l'imprimeur Ménard, petit patron typographe, qui avait une certaine culture et s'intéressa à Amélie Gex en devenant, suprême audace, son éditeur !...

(1) *Poésies de Charles Burdin* (les Amours de Tête, Rimes galantes, Tableaux et Paysages, Heures Noires, Çà et là, Paris, Librairie des Bibliophiles, 1876, 1 vol.

Le livre est dédié à Camille Cousset. L'exemplaire que nous avons entre les mains, et que nous a aimablement prêté le Docteur Schall, porte cette dédicace manuscrite : « Comme je ne suis poète qu'après boire, si mes vers vous ont plu quelque peu, vous pouvez vous en féliciter vous-même pour une large part. La bière est ma muse de prédilection, c'est elle qui m'inspire le plus souvent — en attendant qu'elle me serve de dernier emballage. Il me semble que je viens de faire concurrence à Commerson. »

X

ACTION POLITIQUE
(1878)

Quand survint la crise de l'Ordre moral qui reste, dans les annales du parti républicain tel qu'il était issu des luttes contre l'Empire, une grande date (1877-78), Burdin et Ménard furent sollicités en vue de la fondation d'un organe de propagande républicaine spécialement destiné à soutenir, dans les milieux ruraux, la campagne électorale dite des 363. C'est alors que parut à Chambéry le *Père André*, journal hebdomadaire d'un format réduit et dont le premier numéro est à la date du 8 juillet 1877.

Ménard demanda à Amélie Gex de composer des chansons en patois. Ce fut Charles Burdin qui trouva pour sa cousine le pseudonyme de *Dian de la Jeânna*. Quant à lui, il avait adopté, pour signer les premiers Chambéry du *Père André*, celui de *Jean Froment*.

La première chanson patoise d'Amélie Gex parut dans le n° 31, du dimanche 20 janvier 1878. Elle avait pour titre : « L'opinion de Jean sur les Elections. » Le 27, c'était la chanson des « 2 Poulets », qui eut un succès extraordinaire et provoqua la colère des « blancs ».

3.

Le 3 février, « le bon Dieu n'est pas content ». Le 17 février. « Est-ce tout de bon ! ». Enfin le 17 mars, pour la première fois, apparaît la signature de *Dian de la Jeânna* avec « la complainte du conscrit ». A partir de cette date ce pseudonyme, cher aux lettres savoyardes, est celui qui accompagnera toutes les publications d'Amélie Gex en patois.

Puis il parut :

le 24 mars : Le Retour au village.

le 31 mars : Quand les primevères reviendront.

le 14 avril : Fredons d'Avril.

le 21 avril : A la volée les Chansons !

le 5 mai : Ah ! qu'il fait bon revoir la France !

le 12 mai : La Rime du Servant.

le 19 mai : Aux Pinsons de Provence.

le 26 mai : La chanson des Territoriaux.

le 2 juin : Pour rogations.

le 9 juin : Pitié, mon Dieu ! Pitié pour les cerises !

le 16 juin : Cette bête de pluie !

le 23 juin : A Monsieur Dumaz qui veut laisser perdre notre patois.

le 30 juin : La Fête de tous.

le 7 juillet : Pile et Face.

le 14 juillet : On fera marcher la France.

le 21 juillet : Le dernier jour de moisson.

le 15 septembre : La Chanson des batteurs en grange.

le 22 septembre : Je ne suis plus républicain !

le 13 octobre : La Vendange.

le 3 novembre : *Parce Domine*.

le 10 novembre : Les Noilleurs.

le 1er décembre : Tant pis pour les dindes.

le 22 décembre : La Noël.

le 12 janvier 1879 : La Fable du juge et des deux
commères.

le 2 février : Qu'est-ce que c'est qu'un Président ?

le 9 mars 1879 : Le s'il vous plaît des incendiés.

Ainsi les événements de l'année 1878, bienheu-
reuse pour la littérature savoyarde, furent chantés
par Amélie Gex dans le *Père André*. La chanson
commente à sa façon les élections, le triomphe des
rouges. Puis, elle fête le printemps, déplore la pluie
persistante, donne un couplet pour les moissons,
pour la vogue du village, ou trouve un gai refrain pour les vendanges. Elle chante les soirées
d'automne où l'on casse les noix, et fête, pour finir,
la Noël des paysans.

Ces chansons, dont quelques-unes, comme : *Pour
Rogations*, atteignent à la plus haute poésie, s'é-
grenèrent ainsi « tout le long de l'an » 1878. Ce fut
dans la vallée de Chambéry un ravissement général. Les villages retentirent des couplets de *Dian
de la Jeânna*. Maintenant encore nos paysans y
chantent ces chansons qui leur furent apportées
jadis par le *Père André*.

Cependant, sur ces chansons du *long de l'an* 1878,
Amélie Gex écrivait à M. Constantin : « Elles ont
toutes été composées cet hiver au coin du feu dans
un moment où mes souffrances étaient les plus
vives et les plus pénibles à supporter : rien ne m'a-
muse et ne me distrait plus que ces sortes de com-
position ».

Pour apprécier le mérite d'Amélie Gex, poète du terroir, il faut ne pas oublier que *Dian de la Jeânna* dut écrire ses chansons dans une langue dont les règles grammaticales n'étaient pas encore fixées. Qu'on se rappelle que Mistral, en Provence, avait rencontré la même difficulté et qu'il ne la surmonta qu'après un travail de vingt-cinq ans ! Mais Mistral avait une culture générale dont était dépourvue notre poète savoyard. Aussi doit-on admirer qu'Amélie Gex ait pu écrire, guidée par une intuition qui voisine le génie, une œuvre patoise d'une telle importance, avec les faibles connaissances linguistiques qu'elle possédait, et malgré son ignorance du latin. Nous reparlerons, à ce propos, de la correspondance d'Amélie Gex avec MM. Constantin et Xavier de Ricard, des polémiques linguistiques que souleva le *Long de l'an*. Dès maintenant, ce passage d'une lettre nous permet d'apprécier l'audace novatrice de la tentative de *Dian de la Jeânna*. « Cet envoi est bien informe encore sous le rapport de la linguistique, mais vous serez moins étonné quand je vous aurai dit que chez nous tout est encore à faire à cet égard. Du reste, j'ai écrit sans direction, sans lumière, me forgeant une orthographe bien souvent remaniée et surtout adaptée à l'instruction très élémentaire de nos paysans, pour lesquels j'avais composé mes premières chansons en octobre, l'an passé, pour les élections... Voilà comment j'ai été amenée à m'occuper de notre vieux dialecte dont nul ici ne prenait plus de soucis, malgré que nous soyons abondamment pourvus d'académies locales. »

XI

ACTION SOCIALE
ET RÉGIONALISTE
(1879-1880)

LE succès de *Dian de la Jeânna* fut tel que Burdin et Ménard n'hésitèrent point à confier à Amélie Gex, seule, la rédaction du *Père André*. Le 6 avril 1879, ce journal, tout en restant hebdomadaire, agrandit son format et inaugura une série nouvelle, la Série II.

Le 25 mars 1879, le *Père André* annonçait cette transformation en ces termes :

« L'accueil qui a été fait au *Père André* depuis sa fondation et les nombreuses sympathies qu'il a rencontrées chez nos amis de la campagne, nous ont engagé à persévérer dans notre tâche.

« Dans quelques jours, nous allons transformer, en la complétant, notre publication. A partir du 6 avril prochain, le format du journal sera agrandi pour nous permettre de traiter toutes les questions qui intéressent les laboureurs et les travailleurs de la ville et des champs.

« L'époque des luttes de parti est close ; nous avons combattu jusqu'à cette heure pour le triomphe du principe démocratique, nous pensons qu'il est maintenant opportun de faire un peu moins de politique pour aborder sérieusement l'instruction pratique des classes rurales, pour lesquelles on a pu faire si peu jusqu'à présent.

« En nous inspirant de ce mobile, voici un résumé succinct des sujets que nous nous proposons de traiter :

« Donner à l'agriculture toute la somme d'informations nécessaire soit comme procédés de culture, soit comme mouvement commercial, initier le paysan à la vie de citoyen que lui imposent ses devoirs électoraux, tâcher de réagir contre l'apathie et le penchant de la routine, qui neutralisent chez les paysans tous les bienfaits de l'instruction qui leur est donnée, revendiquer pour eux et en leur nom la part de protection et de bien-être à laquelle ils ont droit et dont tous les gouvernements leur ont successivement fait vainement la promesse. »

Ainsi donc le *Père André* déclarait que les luttes purement politiques étaient closes et qu'il fallait désormais ouvrir l' « ère des réalisations sociales » comme l'on disait en 1905, peu après le vote de la loi de Séparation des Eglises et de l'Etat... Mais le *Père André* était en avance sur cette fin de siècle. Quoi qu'il en soit, le 6 avril 1879, il donnait un programme détaillé de l'action sociale qu'il allait entreprendre dans les campagnes. Or ce programme résumait toute la pensée sociale d'Amélie Gex. C'est à ce titre que nous le reproduisons dans ces notes biographiques.

NOTRE PROGRAMME

« Le but que nous nous proposons, c'est l'instruction et l'éducation pratique du paysan, en tout ce qui se rapporte à sa vie d'homme, de travailleur et de citoyen.

« Nous voulons qu'étant un des membres de l'association humaine et un des éléments du système politique et civil de la France, il soit mis à même, par la connaissance entière et sincère de ses droits et de ses devoirs, d'accomplir la tâche qui lui est dévolue dans notre organisation démocratique.

« Nous voulons qu'il se familiarise avec la marche des affaires administratives, communales, de façon à y prendre la part active qui lui incombera ou à pouvoir exercer, lui électeur, un contrôle éclairé vis-à-vis de ses mandataires directs.

« Nous voulons qu'il puisse, par l'application des procédés de culture les plus rationnels et les moins coûteux, par son initiative personnelle sans cesse stimulée, par l'enseignement des principes d'hygiène, d'économie, de prévoyance et de mutualité appliqués aux conditions de la vie rurale, acquérir cette aisance et cette sécurité qui lui feront préférer, pour lui et pour ses enfants, la profession d'agriculteur aux chances aléatoires de fortune que lui offre la ville, soit par l'industrie, soit par la domesticité.

« Notre programme comprendra donc la multiplicité des matières qui sont du ressort agricole, administratif et politique, et ce dernier point, en tant seulement qu'il touchera aux intérêts immédiats du cultivateur.

« Nous entendons laisser de côté, pour l'heure présente, les luttes de parti, non point que nous pensions devoir nous désintéresser des questions législatives et gouvernementales, mais afin de ne pas entraver par des discussions stériles, et souvent hors de propos, le travail d'instruction et d'organisation agronomique auquel nous donnons notre entier concours.

« Libre de toute attache officielle, de toute influence de coterie, nous resterons sur le terrain que nous avons choisi, fermes dans nos convictions progressives et libérales, modérés dans l'expression de nos opinions, infatigables dans la recherche du bon et de l'utile, et toujours prêts aux revendications justes et nécessaires.

« Nous aidant de la connaissance que nous avons du caractère, des mœurs et des besoins réels des laborieuses populations de nos campagnes, profitant de l'expérience et des lumières des hommes dévoués à la cause du progrès, nous essayerons de vulgariser dans des causeries familières les méthodes de culture susceptibles de s'adapter à la nature de notre sol, et à l'organisation de la propriété foncière en Savoie.

« La loi de solidarité régit le travail humain dans ses multiples applications ; l'agriculture, plus que toute autre branche, se rattache par des points essentiels au commerce et à l'industrie. Nous nous efforcerons donc de lui fournir, dans des bulletins mensuels, toute la somme d'informations dont elle aura besoin sur ces deux importants sujets.

« Dans le but d'affranchir le cultivateur de l'exploitation des marchands qui profitent de son ignorance du mouvement commercial, et pour mettre en rapport direct le consommateur et le producteur, nous établirons un registre d'offres et de demandes comprenant soit la main-d'œuvre, soit la vente ou l'achat des produits horticoles, agricoles et commerciaux servant aux besoins de l'agriculture. Ce mode d'annonces, que nous rendrons le plus simple et le plus économique possible, provoquera, nous l'espérons, un mouvement actif de transactions favorable au développement de l'esprit d'initiative chez les paysans.

« Des articles d'hygiène, d'économie domestique, de tenue de maison, donneront aux femmes de la campagne des notions d'ordre, l'esprit de suite et le goût du travail bien fait, ayant pour résultat l'aisance de la famille et, partant, l'amour du foyer.

« Voilà ce que nous voulons, et voilà, en partie, ce que nous comptons faire pour arriver à notre but. Nous savons que beaucoup d'obstacles nous attendent dans la voie où nous nous engageons ; nous avons conscience et de notre insuffisance, et de l'indifférence que nous opposeront un grand nombre de ceux pour lesquels nous allons travailler ; mais nous appelons à notre aide toutes les bonnes volontés, tous les hommes soucieux de l'avenir du pays, et surtout de la stabilité de nos nouvelles institutions. Que l'on y prenne garde ! Le paysan n'est pas tellement initié à l'esprit de la Constitution républicaine, qu'il n'y ait à craindre quelques nouvelles défaillances du suffrage universel. Jusqu'ici, il a plus entendu de déclarations qu'il n'a vu d'applications de principes démocratiques ; montrons-lui la vérité des lois de liberté et de solidarité que nous proclamons.

« Le journal contiendra dans chaque numéro :

1° Un bulletin politique et administratif de la semaine ;

2° Un article concernant l'enseignement élémentaire de l'agriculture et l'application des meilleurs procédés de culture appropriés aux besoins de nos populations rurales sous le titre de : *Causerie d'un laboureur ;*

3° *Conseils à la fermière,* comprenant tout ce qui peut aider à la connaissance de la tenue d'une maison. hygiène des hommes et des animaux, recettes, etc. ;

4° Petit code législatif du paysan ou notions élémentaires du droit public et privé ;

5° Revue bi-mensuelle du commerce de la région;

6° Offres et demandes agricoles et commerciales ;

7° Une chanson ou une fable patoise inédite de *Dian de la Jeánna,* avec la traduction française en regard. »

.*.

Tel est, pratique et naïf à la fois, le programme social de *Dian de la Jeánna.* Arrière les déclamateurs, les exploiteurs ! Place à la liberté et à la solidarité par le travail ! C'étaient toutes les illusions de 48 qui reparaissaient ! Mais c'était plus que cela ! En 48, les républicains croyaient en la nécessité de la centralisation. En 1878, les républicains les plus rouges n'y croyaient plus et demandaient l'émancipation des anciennes provinces, la renaissance de la vie provinciale, le respect de la langue que le peuple des paysans y parlait.

Amélie Gex avait peur que la Savoie ne perdît dans l'unité française et sous l'empire de la centralisation parisienne ses caractères originaux, voilà pourquoi, sous l'influence d'un appel (1) de Xavier de Ricard, alors un des dirigeants du mouvement des *républicains fédéralistes* dont le centre était Montpellier, elle entreprit de sauver et de régénérer tout à la fois, langue et coutumes des paysans de sa province. Cette tentative du *Père André* se rattache donc au mouvement des *félibres rouges*, dont il sera question ultérieurement. Ce faisant, Amélie Gex était, comme nous disions aujourd'hui, une fervente du régionalisme. Son action sociale se doublait d'une action régionaliste. Le programme publié par le *Père André* série II, ne soufflait mot du fédéralisme ; mais c'était à dessein, afin de ne pas effaroucher les conservateurs étroits et les jacobins attardés. Comme Xavier de Ricard était poursuivi devant les tribunaux, comme son fédéralisme révolté rappelait la Commune vaincue et sentait le pétrole, un pareil parrainage eût suffi pour compromettre le *Père André*. Aussi Amélie Gex comprit qu'il fallait ruser. Elle n'indiqua pas ses « sources » et se borna à travailler de tout cœur à l'œuvre de régénération provinciale.

Elle était d'autant plus prédisposée à conduire ce mouvement régionaliste en Savoie, qu'un vieil

---

(1) « L'œuvre d'opposition et de propagande s'est transformée en tentative littéraire après avoir lu l'appel que vous fîtes insérer l'hiver passé dans les journaux républicains de province. » (*Cf. infra.*, p. 87).

ami de sa famille, le Docteur Guilland, ne cessait, dans des lettres d'une ardente conviction, de lui exposer ses sentiments sur la renaissance des provinces. Mais le Docteur Guilland était un *blanc !* Avec quelle joyeuse surprise Amélie Gex dut retrouver ces idées régionalistes chères au Docteur Guilland, reprises par les plus *rouges* des *rouges* : Xavier de Ricard et Fourès ! Il est aisé d'imaginer l'enthousiasme qu'une pareille conjonction dut déchaîner en son esprit et la force qui la poussa dès lors à cette généreuse tentative : régénérer la Savoie en sauvant sa race de paysans et leur belle langue.

.*.

D'avril 1879 à mai 1880, Amélie Gex, malgré sa mauvaise santé, s'efforça de réaliser le programme qu'elle s'était tracé. *Dian de la Jeânna* continua à envoyer au *Père André* des chansons ou des fables, mais Amélie Gex rédigea aussi les *Causeries du Laboureur* et les *Conseils à la Fermière*, tous pleins de son expérience agricole. C'est elle qui fournit la copie entière du journal et la signature de *Jean Froment* (Ch. Burdin) disparut de ses colonnes. Les contemporains ne se doutèrent pas de cet effort d'action sociale d'Amélie Gex, car l'anonymat de ses articles fut scrupuleusement respecté. Il y avait un intérêt majeur à le faire ! Si le public avait connu que le *Père André* était rédigé par une femme, son influence aurait subitement tombé.

Dans nos campagnes, en effet, on a le sens romain
de l'autorité et des prérogatives du sexe fort.
Une femme s'occuper de politique, écrire dans un
journal ! Halte là ! Chez nous, les femmes ne portent pas la culotte ! et le *Père André* eût été dis-
crédité à jamais !

Cependant, il n'est pas possible de douter qu'à
l'abri de l'anonymat, Amélie Gex assuma à elle
seule la rédaction du *Père André*. Pour s'en convaincre, il suffira de consulter le dossier des brouillons des articles d'Amélie Gex que possède la Bibliothèque de la Ville de Chambéry. D'autre part,
Amélie Gex écrivait le 22 avril 1879 à Xavier de
Ricard :

« Depuis longtemps déjà je désirais qu'il fût
créé en Savoie un organe de publicité qui n'eût à
s'occuper que des intérêts des paysans, pauvres sacrifiés de tous les gouvernements, sans voix, sans
appui, sans direction, même sous un régime social
qui s'intitule le gouvernement de tous. Sous l'influence de cette idée et poussée au reste par un
concours de circonstances difficiles à éluder, je me
suis décidée à accepter temporairement la *rédaction entière* du *Père André* dont le nom déjà populaire m'assurait des lecteurs. »

Amélie Gex confesse que c'est là pour elle une
lourde charge et elle ajoute : « C'est une lourde
charge que celle que j'ai assumée ; je le sais, bien
plus pour moi certainement que pour tout autre
dont la santé est si précaire et vivant dans un
milieu où mon nom de femme m'interdit toute

manifestation virile de la pensée. Il est vrai qu'en gardant l'anonyme, je conserve ma liberté ; mais combien d'obstacles n'en restent pas moins réels et insurmontables.

« J'habite un pays où la classe aisée et dirigeante joint à l'apathie et à l'égoïsme les plus absolus, l'horreur de l'initiative, la haine pour la libre pensée. C'est vous dire tout ce que j'aurai à supporter d'indifférence systématique au premier abord, puis de luttes et de dénigrements par la suite. Malgré cela ou peut-être à cause de cela, je sens la nécessité de l'œuvre que j'entreprends. Œuvre locale et qui ne peut dès l'abord laisser entrevoir le but vers lequel elle tend, c'est-à-dire la reconstitution de cette puissante race de montagnards qui a passé si fière et si forte à travers les siècles et à qui les vingt dernières années ont enlevé tout ressort moral. »

Composer un numéro de journal même hebdomadaire représente, pour des professionnels très entraînés, un effort sérieux. Amélie Gex cependant put suffire à sa tâche pendant un an. Mais les nécessités de nouvelles campagnes électorales forcèrent Ch. Burdin à donner au *Père André* une direction exclusivement politique. A partir du 2 mai 1880, le *Père André*, 2ᵉ Série, cessa d'être rédigé par Amélie Gex.

Sur l'échec de cette tentative d'action sociale Amélie Gex écrira plus tard à M. Constantin : « C'était une tentative de relèvement moral des campagnes qui a échoué comme tout ce qui ne s'adresse pas directement à l'intérêt matériel ou aux passions politiques du moment. Patience ! Plus que tout autre, Monsieur, vous comprendrez que je me console d'un insuccès en pensant qu'il faut que certaines choses soient dites, dussent-elles être criées dans un désert. »

XII

L'ALMANACH DU " PÈRE ANDRÉ " " L'INDICATEUR SAVOISIEN "

CETTE période d'activité intellectuelle qu'avait représentée pour Amélie Gex sa collaboration, puis la rédaction intégrale du *Père André*, eut sur elle une influence heureuse. Par la nécessité de cette collaboration Amélie Gex fut entraînée à vaincre toutes les hésitations pour donner à jour fixe sa copie. Pour quelqu'un qui, comme notre auteur, était nouveau-né à la vie intellectuelle et littéraire, cette nécessité fut fort opportune. Mais voilà que brusquement le *Père André* retournait à la politique ! Amélie Gex allait-elle manquer du stimulant que comportait pour elle sa fonction de rédacteur en chef ? Cette crise ne se produisit pas, grâce à l'intervention amicale de Ménard, l'éditeur-providence d'Amélie Gex. Depuis 1878, cet imprimeur publiait l'*Almanach du Père André*. C'était une petite brochure qui se vendait 30 centimes et qui portait sur sa couverture une chanson de *Dian de la Jeânna*. Cet almanach donnait « des renseignements utiles aux paysans et ouvriers ». Il contenait encore l'indication des foires de la Savoie et de la Hte-Savoie, les jours de marché des principales villes, le tarif des transports du bétail en chemin de fer, le prix des places dans les marchés, des conseils, des recettes, des anecdotes et des chansons patoises. Ménard en confia désormais la rédaction complète à Amélie Gex et à Mme veuve Gex. *Dian de la Jeânna* put donc continuer à faire connaître ses chansons.

D'autre part, il s'imprimait chez Ménard depuis le 5 octobre 1878, un journal hebdomadaire qui avait pour titre : l'*Indicateur savoisien*. Cette feuille avait été fondée par un agent d'assurances qui prétendait ne point manquer de lettres et qui avait manifesté ses goûts en indiquant dans la manchette de son journal que « toutes communications littéraires et toutes insertions commerciales » devaient lui être adressées en personne. En réalité, la direction et la rédaction de ce journal étaient assurées par un professeur du Lycée de Chambéry. L'*Indicateur*, quoique de tendances républicaines, s'efforçait d'observer une certaine neutralité entre *rouges* et *blancs*, de façon à avoir le plus de publicité commerciale possible. Mais ce journal n'avait ni feuilleton, ni contes pour distraire ses lecteurs. Ménard y fit accepter les contes en prose d'Amélie Gex ; et c'est ainsi qu'à partir du 23 novembre 1879, les contes, qui devaient être publiés en 1885 sous le titre de *Vieilles gens, Vieilles maisons, Récits de ma rue et de mon village*, parurent d'abord dans l'*Indicateur savoisien*, le plus souvent au rez-de-chaussée, en guise de feuilleton.

Grâce à ces nouvelles collaborations qui succédèrent immédiatement à la direction du *Père*

André, Amélie Gex continua à tenir la plume et trouva une distraction à ses douleurs physiques dans le travail intellectuel.

***

En 1882 Amélie Gex avait commencé à publier dans l'*Indicateur* une série nouvelle de contes sous le titre : *Récits étranges. Les vies antérieures ou récits spirites.* Pendant la même année elle donna à l'*Indicateur* des *Causeries scientifiques* qui révèlent son désir de vulgariser à son tour l'astronomie qu'elle apprenait avec passion en lisant les livres de Camille Flammarion et Louis Figuier.

En outre, en vue de continuer, sans doute, sa collaboration à l'*Indicateur*, Amélie Gex songeait à écrire :

1º Pour la série des *Histoires de ma rue et de mon village*, des contes qui auraient eu pour titre : *Jean de la Noce, Histoire de Roupioupiou la Sardagne, De Saint-Baldophe à l'Hôpital, Histoire d'un tambour et d'un cheval de bois* ;

2º Pour la série des *Récits étranges*, des récits dont nous avons le texte presque complet avec les *Maudits, Histoire d'un chien jaune* ;

3º Un roman : *Jeanne Muret*, qui aurait porté comme sous-titre : *Histoire pour de bon*. Ce roman aurait eu dix chapitres :

1º La ville que j'habite.
2º La femme qui tousse.

3º Deux œufs sur le plat.

4º Chez Madame Daudon.

5º Une chambre à 15 sous.

6º Voyage à la recherche d'un bon de pain.

7º Qu'il est démontré que l'on peut dormir debout.

8º Comment l'on meurt de faim en province.

9º Ce qui reste d'une vie.

10º Où l'auteur se tait sans conclure ;

4º Un drame : *Charles Lambert*, où était évoqué un tragique cas de conscience à propos d'une vocation ecclésiastique ;

5º Une comédie-drame en 5 actes : *Clémence Moreau ;*

6º Un drame encore : le *Père Baccarat*, dont le titre est suffisamment explicatif ;

7º Un poème en prose : *La Maison Morte ;*

8º Des élégies en prose : *L'encrier de cristal. Notre-Dame de Myans. La ballade des tilleuls de la Gare.*

*
* *

Dans la réédition des œuvres d'Amélie Gex qui est en préparation, nous ne donnerons de ces inédits que deux contes appartenant à la série des *Récits étranges*. Ce sera d'abord : *Une terrible nuit,* dont trois fragments parurent dans l'*Indicateur* ; puis : *Histoire d'un chien jaune.*

Tous les autres inédits de l'œuvre en prose d'Amélie Gex ne constituant que des fragments, nous avons obtenu de l'amitié éclairée de Mme Caroline Landriani que les manuscrits en fussent déposés à la Bibliothèque de la Ville de Chambéry où a été créé un *fonds Amélie Gex*. Ce fonds comprendra en outre les brouillons des articles du *Père André* et la correspondance.

XIII

AMÉLIE GEX, FÉMINISTE

Dans la période qui va de 1880 à 1882, Amélie Gex prit parti dans la discussion passionnée qui s'éleva en France à propos de la loi du divorce. — Elle composa un article resté inédit qu'elle intitula : *Pensées sur le divorce.*

Ce manuscrit est intéressant à parcourir parce qu'il nous révèle une Amélie Gex *féministe*, qui, au nom de son féminisme, condamne avec force le divorce. A ses yeux « le divorce fera du mariage un concubinage légal. Le lien fondamental de la famille, c'est la sécurité, soit l'immutabilité des devoirs et des droits de chacun des membres qui la composent. Le divorce abaisse la dignité de l'épouse, ébranle l'autorité de la mère et trouble la conscience de l'enfant... ».

Mais si Amélie Gex condamne le divorce, elle entend que les lois relatives à la protection de la famille et de la femme en particulier soient renforcées. — «Avant de songer à *briser* le lien conjugal, écrit-elle, il faut s'occuper de l'établir sur des bases plus en rapport avec son but naturel et moral et l'entourer de garanties capables de le mettre à la hauteur de sa mission sociale. Le divorce n'est pas un remède au malaise dont souffre l'institution

familiale, parce qu'il n'est qu'un brisement de plus,
et comme une désagrégation des éléments qui la
composent.

« Le divorce n'aura pas plus d'efficacité comme
remède aux maux de l'institution matrimoniale que
la peine de mort n'en a pour la répression des crimes.

« Le divorce peut exister sans danger dans une
société dont les mœurs ne sont point comme les
nôtres en lutte ouverte avec tous les principes
d'autorité et de plus entachée d'un matérialisme
enlevant à l'individu la notion de ses devoirs
moraux et de son rôle social.

« L'émancipation légale de la femme amènera la
rareté des cas de séparation et de divorce.

« La femme acceptera d'autant mieux les charges
du mariage qu'elle se sentira protégée par la loi
dans l'accomplissement de sa tâche d'épouse et de
mère.

« L'abolition de la prostitution légale, la punition
du séducteur, l'élévation des peines en cas d'adul-
tère, de la part d'une mère d'abord, d'une épouse
sans enfants ensuite, la recherche de la paternité,
la punition de l'épouse vivant en concubinage sans
avoir fait prononcer sa séparation de corps, la punition du concubinage avéré d'un père ou d'une
mère veufs, ayant des enfants légitimes, sont les
remèdes indispensables au relèvement des mœurs. »

D'ailleurs ce *féminisme* d'Amélie Gex est em-
preint du même caractère de modération que son
socialisme, il n'a rien d'échevelé. Ainsi notre poète
déclare que : « Tout rôle actif dans la politique est

inutile à la femme. » Cette pensée, qui révèle le mépris profond qu'Amélie Gex avait pour la politique et les politiciens, était précédée de cette noble affirmation : « L'homme peut donner à son fils l'amour du beau et du bien dans les idées générales, seule la femme lui inculquera le patriotisme parce que celui-ci procède du cœur et non de l'esprit. »

Cette attitude d'Amélie Gex à l'égard du divorce la mettait en opposition avec les idées du milieu qu'elle fréquentait. A propos de cette thèse, la voilà désormais encore une fois en contradiction avec son cousin Charles Burdin, dont le matérialisme allait de plus en plus la choquant, ainsi que vont nous l'apprendre les chapitres qui suivent.

XIV

LES DEUX COUSINS

TANDIS que s'élaborait et se publiait sans nom
d'auteur l'œuvre en prose d'Amélie Gex, cette
dernière n'en abandonnait pas pour autant la
poésie.

Son activité et sa curiosité intellectuelles étaient
infatigables. L'hiver, claustrée le plus souvent
dans son appartement de la rue de la Gare, elle sor-
tait rarement. Ses visites étaient presque exclusivement réservées à l'Imprimerie de l'ami Ménard
où elle venait causer et où on la fournissait de journaux, de brochures et de livres. Quelquefois, un
rayon de soleil, une accalmie dans ses souffrances
lui permettait de circuler en ville et c'était une joie,
qu'elle décrit dans l'*Encrier de cristal.* « Lorsque ces
bonnes fortunes-là m'arrivent, je suis comme un
écolier en oubli de bancs d'études : tout m'amuse,
tout m'attire, tout me retient. Je vais de la vitrine
bariolée du marchand de nouveautés à la devan-
ture affriolante du magasin de comestibles. Si les
cachemires me font rêver de l'Inde, de ces belles et
pittoresques cités mortes aujourd'hui et jadis splen-
dides capitales ; les huîtres, les homards, les turbots
me montrent les flots bleus de la Méditerranée ou
les dunes stériles de l'Océan. Je rêve, je rêve et

j'oublie. Vous voyez que j'ai raison de dire que ces jours-là je suis heureuse. »

Le mois de mai venu, vite, Amélie Gex remontait à Villard-Martin qu'elle ne quittait plus qu'en octobre.

A Villard-Martin, comme à Chambéry, elle continuait à vivre de la vie intellectuelle. Elle travaillait dans une petite chambre de la croisée de laquelle on découvre la masse du fort Barraux, Apremont, St-Baldoph, coins ensoleillés et heureux que domine le Granier, miroir des soleils couchants. Du bout de la prairie qui s'étale sous cette croisée, la vue s'étend sur le Grésivaudan et sur la vaste Combe de Savoie ; le paysage alpestre y apparaît dans sa grandiose immensité, depuis les bas fonds où peinent les humains jusqu'aux altitudes célestes.... C'est devant ce prestigieux spectacle, éminemment inspirateur d'élévation mystique, que souvent durent s'idéaliser les rêveries d'Amélie Gex et s'exalter ses méditations jusqu'aux sommités spirituelles.

Lorsque les méditations d'Amélie Gex prenaient allure de doctrine, elles ne suivaient pas toujours les voies fréquentées par ses compagnons de lettres. Dans sa naturelle indépendance, Amélie Gex ne se laissait pas arrêter par les divergences qui pouvaient se produire entre ses opinions et celles de ses amis : témoin le conflit de doctrine qui éclata entre elle et son cousin Charles Burdin au cours des années 1879-1883.

*
* *

A partir de 1880, les préoccupations et les querelles électorales absorbèrent de plus en plus Charles Burdin et ses amis. Le bon poète était devenu le pilote de la galère qui portait les destinées de son parti, et, tout son temps, il le passait près du banc des rameurs. Il fallait assurer la victoire du parti aux élections innombrables qui désormais allaient confier le sort du pays aux grands hommes de chef-lieu de canton, en réalité, au despotisme anonyme des bureaux de la Préfecture devenue républicaine. Oh! ce n'était plus, comme avant le 4 septembre, la haute mer, le grand souffle et l'appel du large. La galère était embourbée dans des eaux fétides et stagnantes. Ce n'était plus des conquistadores qui se dressaient sur le pont, mais des mercantis de l'honneur, des idées, de l'idéal du parti rouge. Charles Burdin essaya d'une révolte. Il abandonna le *Patriote savoisien* pour fonder avec Ménard le « *Républicain de la Savoie* » (1)... Ce faisant, il dit adieu au pays des rimes dont il conserva toujours néanmoins la nostalgie ainsi qu'il en faisait confidence à sa cousine.

(1) Amélie Gex soutint Ch. Burdin et Ménard auxquels le sénateur Nicolas Parent enlevait le *Patriote*. Ménard, le 22 juin 1879, écrit à ce sujet à Amélie Gex une fort curieuse lettre qui débute ainsi : « J'ai beaucoup regretté que le temps ne m'ait pas permis de répondre hier à votre lettre du 20, laquelle révèle bien toute la délicatesse et la bonté de votre cœur... Le principal motif qui porte M. Parent à m'écarter de l'administration du journal est l'intérêt ; il est persuadé que le *Patriote* doit gagner beaucoup, beaucoup d'argent, et il veut faire servir ces bénéfices pour payer ses frais d'élection à la prochaine législation. »

« A propos du poème de la Montagne, ma foi,
je ne le trouve pas bien et il faudrait beaucoup
retoucher. La politique et ses ennuis m'empêchent
absolument de songer à rimer. J'ai la tête absorbée
de tracas et peu de disposition à faire œuvre littéraire, même de très loin... Donc j'ai remis cette
publication à peu près aux Calendes... »

Or, tandis que la rage des luttes politiques accen-
tuait chez Charles Burdin et ses amis un anticléri-
calisme farouche, Amélie Gex se demandait avec
angoisse si cet athéisme pouvait être une réponse
humaine au problème de la souffrance et de la mort.
Le bon Charles n'était pas loin de considérer que sa
cousine sombrait dans la « calotte » :

Cela commence avec le livre de « *Job* ».

« J'ai lu ton poème de Job et, bien qu'il contienn ·
de bonnes choses, il ne me plaît pas du tout. Je te
dis cela en toute sincérité, comme je le pense.

« Cela ne ressemble en rien aux charmantes choses que je connais de toi et déparerait absolument
ce volume de poésies que tu as l'intention de publier.

« Donc, selon moi, tu feras bien de mettre *Job* au
panier, tu pourrais cependant en tirer quelques bri-
bes, à la condition de le remanier.

« Pardonne à ma rude franchise, comme disent
les colonels des comédies de feu Scribe et crois-moi
ton admirateur (non pour *Job*) et tout dévoué » (1).

____

(1) Ménard était d'un avis opposé : le 13 septembre 1878, il
écrivait à Amélie Gex : « Votre poème de *Job* est charmant, quoiqu'en dise M. Charles, il m'a bien plu. »

Mais tout s'aggrava quand Amélie Gex dédia, en 1882, un de ses poèmes à Jules Simon. Cette fois elle reçut du bon Charles, une vraie mercuriale.

« Comment as-tu pu avoir l'idée plus qu'étrange d'adresser de tes vers, et de beaux vers ma foi, à ce méprisable ambitieux, à ce maquignon politique qui a nom Jules Simon ??? Il n'y a pas d'homme moins digne d'estime que ce fielleux et mielleux personnage qui se moque de toutes les religions et de tous les dieux plus que tous les libres penseurs ensemble.

« De ta poésie sous le nez de ce vil animal, c'est profaner la Muse.

« Repens-toi ; adieu, ma chère Amélie, il faudra bien qu'un de ces jours je te dise ton fait. — A toi, de tout mon cœur. »

A quoi, le 8 avril 1882, Amélie Gex répondit :

« Mon bon Charles,

« Eh ! bien, il y a au moins du plaisir avec toi. Tu n'y vas pas par quatre chemins et tu as raison, mon cher ami. Moi non plus je ne m'amuserai pas à chercher des métaphores pour te dire que si j'avais su que mes quatre strophes fussent exploitées par le *Courrier*, je les aurais écrites tout de même parce que je les pense, mais elles seraient allées rejoindre ce tas de choses qui dorment dans mes cahiers, choses que j'écris pour me débarrasser le cœur ou l'esprit et que j'oublie ensuite.

« Comme qu'il en soit, mon cher Charles, je ne me repens qu'à moitié puisque mon escapade m'a valu une bonne page de toi que j'aurai plus de plaisir à conserver que beaucoup d'autres certainement. Et puis, sois tranquille, va ! s'ils font mine de me prendre pour une recrue, j'ai encore de la bonne encre à dépenser pour rétablir la vérité. Un jour je te donnerai à lire le *Credo de Dian de la Jeânna* que M. Ménard connaît... »

Mais si Amélie Gex et Charles Burdin demeurèrent, malgré de légères divergences politiques au début, de plus graves divergences philosophiques ensuite, les meilleurs amis, ainsi que l'atteste la lettre qui précède et ainsi que nous l'a affirmé Mme Landriani, il n'en reste pas moins qu'Amélie Gex souffrait profondément de voir le *bon Charles* s'enliser de plus en plus dans la politique électorale. Elle en voulait à son époque et à son milieu d'avoir fait de ce doux poète un valet de plume de parlementaires plus ou moins tarés, de l'avoir fait sombrer dans une alcoolisation continue qui le rendait désormais inapte à tout travail intellectuel.

En 1882, elle écrivait à M. de Rienzi :

« Je suis heureuse que les vers de Charles Burdin vous plaisent. Moi je les aime, mais j'y retrouve trop de mes impressions personnelles sous une autre forme, sous un autre aspect, pour que je puisse avoir une opinion bien impartiale. Aussi j'aime à me rencontrer avec des esprits justes et surtout des cœurs vrais dans mon jugement sur les œuvres de mon pauvre cher Charles qui, malgré sa vie présente, n'en est pas moins toujours pour moi l'enfant à qui j'ai mis son premier crayon en main, à qui j'ai conté ces belles histoires que j'inventais à mesure qu'il me les demandait. Il est toujours au fond de lui-même, inconsciemment, l'être que j'ai vu commencer à penser, à rêver, à sentir, qui s'épanouissait en pleine nature devant moi dans un temps où son sourire, ses joies, ses petits chagrins étaient les seules consolations que j'eusse dans mon épouvantable malheur. Maintenant il a oublié lui tout le passé, il vit de la vie qu'il s'est faite, qu'il a voulue. Mais moi, je me rappelle et je regrette que le monde, le monde méchant, bête et jouisseur me l'ait pris.

« Si vous saviez, mon ami, la belle vie qu'il pouvait avoir et qu'il a perdue absolument par sa volonté! A 23 ans il était maître d'une vraie fortune, dans une situation à la fois indépendante et lucrative, quelque chose de fait pour lui. Deux ans après, il n'avait plus rien que des dettes et devait pour VIVRE se mettre à la remorque des ambitions plates et déshonnêtes de nos députés opportunistes. Depuis lors le pauvre homme écrit ce que d'autres pensent et veulent et ce qui m'attriste le plus, c'est qu'il en est à ne plus sentir son abaissement moral, à croire aux opinions qu'il prône. Ah ! mon ami, ces choses-là me torturent ! Que d'hommes, hélas! et que d'intelligences notre Savoie a tué, avec ces deux vices *constitutionnels* : l'ivresse et le jeu ! »

Peu après cet aveu douloureux, Amélie Gex voyait son poème : *A une âme sincère*, couronné par l'Académie de Savoie. Ce fut un gros événement à Chambéry. Les « blancs » les plus notoires congratulèrent cette muse républicaine. Le *Courrier des Alpes*, organe officiel de l'opposition royaliste, cessa toute bouderie à la parente de Charles Burdin... On vit, dans ce poème, une sorte de *Confession* et comme l'annonce d'un retour prochain au catholicisme orthodoxe, à la manière du poète Jean-Pierre Veyrat! Qui plus est, le public chambérien admit que le poème entier s'adressait à Charles Burdin, anticlérical notoire et athée convaincu. Cette hypothèse était naturelle pour deux cousins qui s'affirmaient poètes, l'un pour proclamer son spiritualisme, l'autre pour célébrer son matérialisme... Lequel des deux, se demandait-on, allait-il convertir l'autre ?... Mais le public chambérien se trompait, comme nous allons le voir.

XV

LE CREDO
" DE DIAN DE LA JEÂNNA "

LE confident de la pensée d'Amélie Gex fut de 1878 à 1883 non pas, comme nous pourrions le croire, Charles Burdin, mais l'imprimeur Ménard. Cette confiance, ce dernier l'avait gagnée par le dévouement avec lequel il édita les poésies d'Amélie Gex, par les encouragements qu'il lui prodigua pour lui permettre de continuer son œuvre en prose, par l'attention qu'il apporta à ce qu'il lui parvint quelques rémunérations pécuniaires (1). D'autre part, Ménard, un des chefs de la F∴-M∴ savoisienne, connaissait le mouvement spirite dont le centre était Genève et dont, à Chambéry, le fameux baron Ponat était un des adeptes les plus notoires. Par conséquent, nul n'était mieux préparé que Ménard pour comprendre les croyances spirites d'Amélie et recevoir confidence de sa pensée religieuse. Aussi, tandis que Charles Burdin désapprouvait le poème de *Job*, Ménard l'approuvait. Mais cette pensée religieuse d'Amélie Gex, quelle

(1) « Je vous envoie sous ce pli une petite somme de fr. 150 que je vous prie d'accepter jusqu'à règlement. C'est à vue de pays, ce que j'ai retiré de l'*Almanach* et de votre volume de poésies. » (Lettre de P. Ménard, 16 mai 1881.)

était-elle ? Quel pouvait bien être ce *Credo de Dian de la Jeânna* que Ménard, au dire de notre auteur, connaissait bien ? Sur ce point encore, des documents inédits vont nous fixer.

Nous savons qu'Amélie Gex adolescente avait été éloignée des pratiques religieuses par un incident de sa vie à La Chapelle-Blanche. Les souffrances morales et physiques dont à vingt ans elle était déjà accablée, le dévouement de Sœur de charité qui était en elle, l'avaient maintenue dans les voies du spiritualisme. Les lettres à Mlle Marcillac et la *Prière* publiée au chap. VI sont là pour attester la sincérité de ce spiritualisme. Le spectacle de la douleur humaine n'avait pas entraîné chez elle de révolte contre la divinité. Suivant le courant des idées romantiques, Amélie Gex avait essayé de se faire une religion à elle, d'honorer Dieu à la façon des républicains de 48 et de l'abbé de Lamennais.

Le *Credo de Dian de la Jeânna* qui était son Credo, elle l'esquissa dans une « *élégie en prose* » : *Notre-Dame de Septembre à Myans*, dont voici le texte :

« Il nous a été donné d'assister hier à un spectacle à la fois instructif et attristant. Nous étions à Myans et c'était le 8 septembre !

« Myans, l'antique sanctuaire savoisien où depuis tant de siècles sont venues s'agenouiller chaque génération de dévots, Myans qui lutte de célébrité avec les pèlerinages les plus vantés, n'est-ce point là qu'il faut aller juger du degré d'influence

4.

que conserve encore le Clergé et pour se rendre
compte du véritable esprit de nos populations villageoises ?

« Nous avions si souvent entendu les prêtres se
lamenter en chaire sur l'indifférence religieuse qui
«comme une marée montante, après avoir envahi les
cités, tend à détruire chez le montagard de Savoie
cette foi robuste des temps anciens », que nous
avions à cœur de savoir si tout était vérité dans
ces assertions. Aussi avons-nous eu garde de
manquer aux cérémonies qui, dès le matin, ont été
célébrées avec cette pompe majestueuse et savante
dont l'Eglise seule a le secret.

« Ces lignes n'ont point la prétention d'être un
compte-rendu détaillé de la fête religieuse, non !
Nos lecteurs savent que ces sortes de solennités se
ressemblent en tous points ! Qui a vu Fourvières,
Lourdes, La Salette, Paray-le-Monial ou tout autre
sanctuaire célèbre, sait ce qu'il se chante d'hymnes,
de cantiques et de psaumes dans ces heures d'ado-
ration. Ce qu'il nous importe, c'est de dégager de
tout cet appareil de mysticisme la part du prêtre
et celle des fidèles.

« Eh ! bien, voici ce que nous avons vu, disons-le
franchement, avec le cœur attendri et peiné.

« Une foule, sinon immense, du moins très consi-
dérable de pèlerins campagnards, venus de huit,
dix heures, quelquefois le double de distance, à
pied, portant dans d'étroits paniers les provisions
de bouche à peine suffisantes pour la route, s'en-
tassait dans les deux étages de l'église. Des hommes

robustes, des femmes courbées par la fatigue, des enfants déjà rendus de lassitude, tout le monde avait prélevé sur la semaine de travail deux journées de chômage et deux nuits de repos pour venir s'agenouiller cinq minutes devant l'autel miraculeux et déposer l'offrande qui, dans leur naïve pensée, doit obtenir la grâce désirée.

« Nous avons vu là des regards ardents de prière et d'espoir s'élever vers cette vierge immobile et impassible dans sa niche dorée. Nous avons entendu de vrais soupirs sortir de ces poitrines émues, vu de vraies larmes briller dans les yeux des mères et des épouses. Nous avons vu étreindre avec le frémissement de la foi ces ex-voto de cire destinés à représenter l'objet des demandes et des vœux faits à la madone sainte et nous avons vu encore les sous et les pièces blanches s'entasser dans les corbeilles où les jetait pêle-mêle le jeune lévite chargé de récolter les offrandes avec le flegme et l'air ennuyé d'un commis de banque. Nous avons vu tout cela et c'était là la part du peuple.

« Voici ce qu'était celle du prêtre :

« Chargés d'ornements pailletés et constellés d'or, vêtus de dentelles et de soie, dans un temple où l'on vient d'enfouir 30.000 fr. de réparations intérieures, des ecclésiastiques de tout âge se multipliaient à l'autel. Dès 3 heures du matin, des messes se disaient dans les chapelles. L'église haute avait sa foule, la crypte avait la sienne. A chaque minute, une rangée de pèlerins venaient s'agenouiller devant la table sainte en y déposant qui une messe discrètement enveloppée dans un papier froissé, qui les quelques sous dont se payent les ex-votos bénis ou le baiser que l'on donne à la statuette de la Vierge qu'un prêtre promène de bouche en bouche d'un air de lassitude résignée.

« Ce va et vient de la foule formait un murmure sourd et continu se mêlant aux autres bruits intérieurs. Tout était fait pour étonner et frapper l'esprit de ces paysans d'habitude isolés des fêtes mondaines. Partout de l'encens, des lumières, de la musique, mais rien qui fût vrai, humain, évangélique. Aucune de ces paroles fortes et vivifiantes qui gagnent les cœurs ou les soutiennent. Rien des souvenirs de ce Christ électrisant l'âme d'une parole de vérité. Rien pour ici, rien pour là-haut ; du matérialisme et du brocantage, voilà ce que le Clergé donne aux fidèles.

« Eh ! quoi, prêtres, est-ce là ce que nous vous demandons ? Est-ce là ce qu'il faut à ces cœurs avides d'amour, à ces esprits confiants, à ces âmes tourmentées ?

« Ah ! si, moins occupés de vos rites surannés, vous eussiez jeté un regard d'hommes et de frères sur tous ces fronts penchés, sur toutes ces mains jointes, malgré vous, serait sorti de vos lèvres ce mot du Crucifié : « Venez à nous vous tous qui souffrez et qui êtes las, venez à nous et nous vous soulagerons ! » Nous prendrons notre part de vos peines et nous vous donnerons la moitié de notre courage et de notre foi.

« Ah ! si, pénétrés des besoins de ce peuple dont vous vous intitulez les pasteurs, vous faisiez servir votre puissance immense encore à l'œuvre de sa rénovation morale, vous feriez de grandes choses, vous pourriez lutter victorieusement contre le sensualisme et l'égoïsme moderne et remettre la société humaine dans la voie de l'apaisement et de la concorde.

« Mais non, vous continuerez à prendre l'obole du pauvre, l'héritage du riche, à convoiter la domination des esprits, à lutter éternellement contre le progrès et la lumière, et nous, nous la foule misérable et croyante, nous continuerons à chercher et à appeler en vain un nouveau rédempteur ou bien à tomber de mépris en mépris jusqu'à l'anéantissement de l'idée divine que vous nous aurez ôtée par votre faute. »

En résumé, *Dian de la Jeânna* en est au Credo des *Paroles d'un Croyant* et à sa révolte contre l'Eglise, corps constitué, hiérarchie insensible dans sa puissance. Mais si *Dian de la Jeânna* réprouve les pratiques ecclésiastiques, elle croit en l'Evangile et aux paroles d'espérance qu'il énonce.

Mais ce Credo, *Dian de la Jeânna* ne l'avait pas adopté de prime abord. Amélie Gex avouait dans une lettre à M. de Rienzi qu'elle n'était pas sûre de pouvoir s'y tenir. « Je reviens à un passage de votre lettre dans lequel vous semblez croire que la constance de ma foi spiritualiste n'est que le fruit des convictions religieuses de mon enfance. C'est justement là où est votre méprise, mon ami. Au rebours de ce qui arrive habituellement, j'ai commencé mon éducation morale par le scepticisme. Etait-ce prédisposition naturelle de mes facultés ? Etait-ce le résultat de l'enseignement par trop clérical que l'on m'imposa, je ne sais, mais il est de fait qu'à l'âge où le doute n'effleure même pas l'âme de l'enfant, moi je me sentais prise du besoin de nier ce que ma raison se refusait à comprendre. De là vient que plus tard je fus amenée à faire table rase des croyances acceptées par le plus grand nombre et qu'obéissant cependant à un besoin intérieur, je me promis de reconstruire pour moi seule, à l'aide de ma conscience et des notions de philos ·phie positive que je tâchais d'acquérir, une religion toute personnelle ne pouvant et ne devant servir qu'à moi. Ainsi ai-je fait, mon ami. La conviction que je me suis formée et sur laquelle repose ma sécurité présente m'appartient en propre, elle est mon bien et si peu qu'elle vaille, c'est la seule qui réponde entièrement à l'idéal de vérité que je conçois... Est-ce à dire que ma foi ne faillira plus ? Non. Par le travail incessant de ma pensée il se peut qu'elle se transforme, s'augmente ou diminue, mais je suis assurée du moins qu'elle restera l'expression sincère de mon être moral.

« Vous jugerez par ce qui précède de l'éloignement que j'éprouve pour tout ce qui ressemble à un *groupement religieux*, quel que soit son idéal objectif et son mode d'action. »

Néanmoins, *Dian de la Jeânna* a une âme d'apôtre. Sa religion personnelle (1) ne l'empêche pas d'abominer le sensualisme du xviiiᵉ siècle dont l'aboutissant est le matérialisme grossier du xixᵉ siècle, « enlevant à l'individu la notion de ses devoirs sociaux et de son rôle social » (2). C'est ce matérialisme abhorré qu'elle voit s'étaler avec impudence autour d'elle et qui lui a pris le « bon Charles »... C'est ce matérialisme qu'elle entend combattre ou du moins contre lequel elle veut protester. L'occasion de lui arracher une victime se présenta à Amélie Gex et, pour sauver cette âme, elle composera ces deux poèmes philosophiques : « *A une âme sincère* » et « *I boh* ».

(1) En 1882, dans une conversation avec le Dʳ Guilland, elle dira, à propos de ses conceptions spiritualistes : « Sans autre appui que ma conscience, j'ai conquis le calme et la foi... La vérité sur mes opinions : Je suis *spirite*. J'ai été amenée là par la volonté d'êtres qui sont morts... Je n'écris que sous l'inspiration d'esprits que j'ai connus... »

(2) *Pensées d'Amélie Gex sur le divorce* (inédit).

XVI

A UNE AME SINCÈRE

Un jour, le 5 janvier 1881, Amélie Gex reçut d'une revue méridionale, *La Sève*, paraissant à Marseille, le compte-rendu critique suivant de son livre de poésies françaises :

« Mme Amélie Gex vient de faire paraître à Chambéry un livre de poésies. C'est là un acte de courage auquel nous eussions applaudi volontiers, si l'œuvre n'avait pas été dictée par la stérile théorie de l'art pour l'art. Si l'auteur avait voulu ou osé abandonner les idées admises, et ne pas s'inspirer seulement des folâtres ébats des pinsons ou des vieilles cathédrales sombres, si sa muse avait su se plier aux idées modernes, et chanter le progrès social, il aurait pu espérer une certaine renommée, parce que plusieurs morceaux de son ouvrage sont animés d'un grand souffle poétique et qu'il possède un réel talent de versification. Malheureusement, Mme Gex est une femme du monde qui n'a pas compris l'avenir. Quand elle lira ces lignes, elle haussera les épaules, ou sera indignée que quelqu'un ait rêvé pour elle la célébrité d'Hubertine Auclert ou de Paule Minck. Et pourtant ! Nous avons dit notre pensée, sans aucune galanterie, sur les *Poésies*,

parce que nous estimons qu'en fait d'art on doit
faire abstraction de la personne devant l'idée,
s'occuper de l'œuvre plutôt que du créateur. »

Ce compte rendu, où le critique auteur de l'article démontrait qu'il ne connaissait aucun détail
de la vie d'Amélie Gex, valut à cette dernière une
lettre de protestation d'Emile de Rienzi, autre
collaborateur de *La Sève* :

« Madame,

« Permettez-moi de vous féliciter sur le charmant
livre de poésies que vous venez de faire paraître.

« Différent d'opinions de mes amis de *La Sève*
en ce qui est de la *théorie* de l'art pour l'art, je suis
heureux de prendre la liberté de vous féliciter du
courage d'abord et ensuite de l'élévation et de la
facture de vos délicieuses poésies.

« Vous pardonnerez, Madame, la liberté que je
prends, moi littérateur bien modeste, bien humble,
de saluer en vous une de ces rares sœurs de l'art et
vous voudrez bien agréer, avec mes sentiments
de confraternité littéraire, l'assurance de ma plus
haute considération. »

Cette lettre fut le point de départ d'une correspondance entre M. de Rienzi et Amélie Gex, puis
donna naissance à une véritable amitié littéraire.
M. de Rienzi fit confidence à Amélie Gex, de ses
doutes, du désarroi de ses croyances, « du sombre
pessimisme qui l'envahissait ». Contre cette désespérance à la Musset, Amélie Gex voulut réagir et

empêcher que son correspondant ne sombrât dans le matérialisme.

Pour guérir cette âme sincère du jeune poète, angoissée et désespérée, pour sauver sa santé morale et physique, Amélie Gex composa ses deux poèmes *A une âme sincère* et *Iboh* qui ne sont en somme que l'écho des controverses qu'échangaient les deux correspondants.

Le 23 avril 1882, Amélie Gex, conversant avec le Docteur Guilland, lui disait : « *Iboh* devait s'appeler *Confiteor*... Il était dédié à un jeune homme de 22 ans pour qui j'ai écrit *A une âme sincère*. J'espère l'amener à croire. » Y arriva-t-elle ? Peut-être !... Dans tous les cas, M. de Rienzi fit le pèlerinage de Villard-Martin en 1882 et vint rendre visite à celle qui, pour le sauver, avait osé quitter l'églogue pour se consacrer désormais au poème philosophique. Sur ce pèlerinage, M. de Rienzi a écrit : « J'étais étranger au pays, je m'approchais d'une maison de fermier pour demander le chemin qui conduisait à Villard-Martin. — Ah! vous allez chez Mademoiselle! me répondit-on, et l'on m'accompagna en me parlant d'elle comme d'une Providence. C'était elle qui les renseignait sur les divers modes de culture, qui leur apprenait à combattre une blessure, une maladie, qui les soignait enfin comme s'ils étaient ses enfants. »

Dans le même document, M. de Rienzi ajoute : « Sa sensibilité profonde lui faisait comprendre toutes les souffrances et j'ai encore dans le cœur les pages si profondes et si compatissantes qu'elle m'a

écrites dans une circonstance douloureuse de mon
existence. »

Donc le doute n'est plus possible : *l'âme sincère*
du poème d'Amélie Gex est M. de Rienzi (1) et
non, comme le veut la légende chambérienne,
M. Charles Burdin.

(1) M. de Rienzi a bien voulu nous faire connaître que tous les
documents qu'il possédait sur Amélie Gex avaient été perdus
lors de son séjour en Corse comme inspecteur des Postes.

XVII

MORT D'AMÉLIE GEX

LE couronnement par l'Académie de Savoie du poème *A une âme sincère* valut à Amélie Gex, poète inconnu la veille, même dans son pays natal, la brusque notoriété en Savoie.

Malheureusement, l'hiver 1882-83 fut impitoyable. Amélie Gex s'alita en janvier 83 et ne se releva plus. « Ses souffrances, nous écrit Mme Landriani, étaient si grandes qu'on ne pouvait en supporter la vue. Malgré cela, son esprit s'isolait de son corps, car quelquefois, quand je me plaignais à Dieu de la faire tant souffrir, l'entendant tousser sans répit, elle me disait : « Ah ! c'est vrai, je toussais. Je n'y faisais pas attention ! » Et d'autres fois : « Si j'avais une machine à écrire sous la main, j'aurais écrit 15 volumes ! » Je ne puis penser à cette fatale période sans éprouver encore un profond saisissement. Elle s'éteignit en pleine possession de ses facultés dans mes bras, à 6 h. du soir du 17 juin 1883. »

A une question que nous lui posions sur les derniers moments d'Amélie Gex, Mme Landriani a bien voulu nous écrire : « Amélie Gex s'est confessée au Chanoine Varret qui lui a fait pendant sa mala-

die quatre visites et qui, en la quittant la première
fois, lui dit ces mots : « Je suis heureux de vous
avoir connue enfin, je vous laisse toute ma sympathie et toute mon amitié. » Amélie a été véri-
tablement soulevée par les entretiens qu'elle eut
avec ce digne prêtre. »

. . . .

Amélie Gex reposa pendant quinze ans au cimetière de Chambéry. Un modeste monument, qui
disparut lors de l'agrandissement du cimetière de la
Ville, rappelait son nom, que porte aujourd'hui une
allée du parc de Lémenc.

II

CORRESPONDANCE

Amélie GEX

et

le Docteur Louis GUILLAND

AMÉLIE GEX

ET

LE DOCTEUR LOUIS GUILLAND

En dehors de la petite chapelle républicaine de Chambéry, Amélie Gex fut encouragée à poursuivre son œuvre par des correspondants dont quelques-uns furent célèbres. Les lettres qu'ils lui adressèrent ont été conservées. Elles méritent d'être publiées, car toutes ont le charme voilé des choses d'antan, beaucoup sont représentatives d'une génération à laquelle nous devons beaucoup : celle de nos pères.

Parmi ces correspondants, le plus paternel et le plus affectueux fut certainement le Docteur Guilland d'Aix-les-Bains qui jouissait d'une très grande considération et était bibliothécaire de l'Académie de Savoie (1). Les contemporains du Docteur

(1) Né à Chambéry le 6 janvier 1820, mort le 22 octobre 1884, fils du Docteur Guilland qui fut proto-médecin de Savoie sous le régime sarde, il avait fait ses études à Turin et à Montpellier. Comme médecin il fit beaucoup pour établir en France et à l'étranger la réputation des eaux thermales d'Aix-les-Bains. Pendant 35 ans, il présida les Conférences de Saint-Vincent de Paul à Chambéry où il résidait l'hiver et où il « était tout à ses pauvres et à ses amis ». — (Cf. L. Pillet : *Histoire de l'Académie de Savoie.* Chambéry, 1881, p. 158.)

Louis Guilland attestent tous son culte des belles
lettres, le charme de son commerce, la finesse de
son esprit qui se plaisait à se répandre soit dans la
correspondance qu'il aimait à entretenir avec ses
amis, soit dans les improvisations oratoires dont il
charmait ses auditeurs dans les sociétés qu'il pré-
sidait. Son « honnêteté parfaite, sa bonté sans mé-
lange, sa bienveillance sans réserve » (1), sa tolé-
rance en faisaient une des personnalités les plus
sympathiques et les plus hautement estimées de
la Savoie d'après 1870.

Amélie Gex ayant envoyé au Concours de poésie
de l'Académie de Savoie, en 1877, sa poésie du
Matin, obtint cette année une récompense. Ce fut
le Docteur Guilland qui lui annonça ce premier succès, car à cette époque les concours académiques
n'avaient pas été discrédités par leur multiplicité
et conféraient aux lauréats un réel prestige :

« Mademoiselle,

« Ma bonne étoile m'a fait accepter, après une
longue résistance, le périlleux honneur de *rapporter*,
à l'Académie et à la séance publique de jeudi dernier, sur le concours de Poésie. Au moment où
vous recevrez les félicitations de tout le monde,
je me ferais un reproche de n'y pas mêler celle du
fils d'un ancien ami de votre famille. »

La lettre continue par des souvenirs d'un voyage

____

(1) Cf. François Descostes : *Mémoires Académie de Savoie*, 3ᵉ S.,
t. X, p. LIX.

à La Chapelle-Blanche, des détails sur des familles amies, le tout pendant quatre pages d'une écriture difficile, mais empreintes de vie et de la bonhomie la plus attrayante.

A cette première lettre Amélie Gex répondit, le 10 mars 1877, sur un ton assez réservé de timide :

« Monsieur,

« Il me serait difficile d'exprimer tout le profond plaisir que m'a causé la lecture de la lettre que vous m'avez fait l'honneur de m'écrire. Certaines approbations sont bien précieuses et la vôtre, Monsieur, a été de ce nombre pour moi. Les souvenirs que vous évoquez si gracieusement m'ont été légués aussi par mon père dont M. Guilland (je ne sais si vous le savez) fut le pro-tuteur aimé et respecté. J'ai donc trouvé comme vous une grande douceur dans ce rappochement.

« Je vous remercie bien cordialement des encouragements que vous voulez bien donner à une œuvre qui commence et qui commence bien tard, car ma santé si mauvaise et toujours ébranlée m'est un sérieux obstacle pour travailler autant que je le voudrais.

« Je désirerais, Monsieur, pouvoir vous donner de suite les quelques renseignements que vous me demandez sur mon père. Pour les avoir plus exacts, je suis obligé d'attendre les vacances de Pâques, époque à laquelle je passerai probablement quelques jours à La Chapelle-Blanche où sont les papiers que j'ai à consulter. A mon retour je m'empresserai de vous transmettre le résultat de mes recherches. »

Quand parut le premier volume de poésjes françaises d'Amélie Gex, le Docteur Guilland prit sa bonne plume et envoya ses compliments à leur auteur dans une missive d'un tour délicieusement vieillot :

« Mademoiselle,

« J'ai trouvé hier votre nouveau volume sur ma table en rentrant ; je dînais dehors ; mais je l'ai emporté dans ma poche, et, durant la soirée, pendant les heures que les autres remplissent par la causerie et que mes intimes veulent bien me permettre d'employer à la lecture, — compensation d'une surdité, — j'ai coupé et feuilleté vos poésies. Je ne veux pas attendre de les avoir toutes lues et relues pour vous remercier de votre hommage et pour vous adresser aussi mon sympathique regret de votre indisposition prolongée. — Si ma surdité me donne une après-midi passable un de ces jours, je vous demanderai de vouloir bien recevoir ma visite, mais ces éclaircies sont rares, en hiver surtout ; et même pendant leur durée je crains avec raison de fatiguer mes interlocuteurs, surtout au lit.

« Qui dirait que ces poèmes si pleins d'entrain, de verve et souvent de gaîté, éclosent parmi les souffrances et la contrariété plus difficile encore à supporter de la réclusion forcée ? Je retrouve avec plaisir dans ce volume quelques poèmes que j'avais, comme académicien, étudiés et goûtés ligne par ligne. Dans plusieurs de vos nouvelles inspirations vibre plus que par le passé cette corde mélancolique sans laquelle il n'est guère de vraie poésie, parce que nos cœurs rendent toujours plus ou moins cet écho.

« Dans un grand nombre aussi, se fait sentir la pensée reli ieuse, l'espoir suprême, non moins inséparable de tout chant puissant pour élever, pour consoler, pour charmer l'homme, le pauvre surtout, le prétendu déshérité ! — Vous me permettrez de m'en réjouir pour le bien que vos vers feront à leur lecteur, pour le bien qu'ils font au poète lui-même !

« En ces temps de crise sociale plus que jamais, tout livre doit être une action, une *bonne action* : la vôtre, Mademoiselle, me paraît en être une.

« Veuillez, Mademoiselle, agréer de nouveau mes remerciements, mes félicitations, mes souhaits ! »

En mai 1878, le *Patriote savoisien* ayant publié plusieurs poèmes d'Amélie Gex, le Docteur Guilland écrivit à Charles Burdin pour le féliciter de cette publication :

« Monsieur,

« C'est sans doute à votre obligeante attention que je dois d'avoir lu tout à l'heure dans le *Patriote* les poèmes nouvellement couronnés de Mademoiselle Gex. Je vous remercie infiniment de cette jouissance anticipée. — Voudrez-vous bien dire à votre parente combien je suis charmé que, grâce à elle, un concours poétique en Savoie n'ait pas passé sans laisser une couronne dans notre chère province. Ces pièces sont charmantes. La *Veille des Morts* donne le frisson malgré la forme enfantine de son refrain : c'est un tour de force. — Dans la *Neige,* quelle vérité et quelle variété ! Et comme le mot de la fin fait penser ! L'*aube lointaine* serait à mon humble avis plus faible ; mais c'est un sonnet, circonstance atténuante ! quoique vous ayez personnellement prouvé le contraire. — Ces extraits me rendent impatient de lire le tout, que nous donnera peut-être la *Revue Savoisienne...*

. . . .

« Voulez-vous bien, quand vous verrez votre parente, lui dire mes *sincères et patriotiques félicitations...* »

C'est que le Docteur Guilland est fier et heureux de penser que la Savoie compte un poète de plus. A l'apparition du *Long de l'an,* il exalte son orgueil patriotique. Lisez plutôt :

« Mademoiselle (1),

« J'étais hier en vagon avec notre aimable Directeur du Cercle, M. Henry ; il m'a tendu un volume dédié à son ami Burdin ; je l'ai dévoré entre la gare de Chambéry et celle d'Aix !

« Pourquoi l'Académie n'a-t-elle jamais osé admettre notre naïf et expressif patois à ses concours? Béard, Ducros et d'autres y ont laissé leur trace, et je sais maintenant que vous auriez la palme dans

(1) 16 septembre 1878

ce dialecte, non moins facilement qu'en bon français.

« Comme vos tableaux sont saisis sur vif ! Comme nous y retrouvons tous nos joyeux ou touchants usages locaux qui vont perdre de plus en plus leur caractère traditionnel, et qu'il était temps de fixer ! A côté de la note gaie, vous avez sçu glisser le trait moral et religieux qui relève le tableau et complète sa vérité. Grâce à vos *Fleurs rustiques*, la Savoie a désormais son Autran, son Brizeux ; et, chose rare, je crois qu'un paysan tant soit peu éveillé lirait vos vers avec autant de plaisir qu'un lettré ; ils pénétreront sous le chaume, même ils seront hébergés et choyés sur le pupitre des académiciens.

« Vous avez sçu éviter un grave écueil, celui d'écrire le patois systématiquement et de le rendre ainsi illisible pour ceux mêmes qui le comprennent à l'audition : je vous en félicite.

« Serai-je indiscret de vous demander un exemplaire pour notre Bibliothèque de *Patria* (1) ? Je n'ose en solliciter un second pour mon rayon de villégiature, entre mon vieil Horace, mes Géorgiques, mon ami Laprade, Mirejo, et deux autres moins connus, mais qui me plaisent fort : Les *rimes limousines* de *Lestourgre* et les *Pampres de Bourgogne* de *Simon Gauthey* ? .....

----

(1) Fondée à l'Académie de Savoie par l'historien Eugène Burnier et continuée par le Docteur Guilland. Cette bibliothèque rend de précieux services car elle s'attache à recueillir toutes les brochures, discours, plaquettes, monographies sur l'histoire de Savoie que 'actualité produit. mais qui ne tardent pas à devenir rapidement introuvables.

« Agréez, Mademoiselle, mes vives félicitations,
ma reconnaissance pour le plaisir que j'ai eu à res-
pirer vos fleurs des champs, et mes souhaits pour
l'introduction violente de notre patois à l'Académie. »

Le mouvement fédéraliste et régionaliste dont
nous sommes si fiers à l'heure actuelle et que nous
saluons comme l'aurore d'une renaissance française incomparable par l'énergie affirmée des petites patries dont l'unité nationale est faite, ce
mouvement a donc des origines lointaines ? —
De tout temps nos anciennes provinces n'ont cessé
de protester contre la centralisation abétissante.
Cette lettre, retrouvée aux hasards d'une recherche sur un poète du terroir, en est la preuve.

Puis voici une lettre du 6 mars 1879 qui explique
la poésie intitulée *Les Autrefois*, qu'Amélie Gex
avait dédiée au Docteur Guilland :

« Entre poètes et académiciens, on peut s'avouer
tout bas, bien bas, afin que les indiscrets ne l'enten-
dent point, que l'on pleure *Les Autrefois*. Je voyais,
un de ces dimanches derniers, la sortie de la messe
de paroisse à ma campagne ; et je restais confondu
à ces affreuses béguines noires empaquetant disgra-
cieusement les fraîches têtes des jeunes filles, comme les profils romains des matrones ; — à tous ces
oripeaux et mantilles d'un faux luxe, montant des
petites villes aux champs — économisant 50 % sur
le prix d'achat de ces *fanfreluches*, comparé à celui
des grossières, mais riches dentelles des larges coif-

fes et des solides jupes en drap de nos anciennes : jupes et coiffes qui, par contre, duraient dix ans au lieu de dix mois... C'était là leur tort pour notre temps, qui aime que le décor change tous les matins... Que dire des mœurs et des idées ? Elles se réflètent dans les vêtements, comme en un fidèle miroir ; et là aussi « les vieux trouvent matière à pleurer ». — Mais pouvons-nous du moins nous consoler en admettant que les « jeunes ne rient pas moins ? » Souvent, le samedi, je me promène indéfiniment à travers le champ de marché au Verney, le long des boulevards et aux principaux faubourgs qui amènent les paysans à Chambéry ; vous en avez fait autant que moi en cherche de croquis sur le vif. Eh ! bien, n'avez-vous pas remarqué que les bonnes figures, riant franchement, s'épanouissant sous un petit coup de plus en une cordiale expression d'amitié et de gaieté, ont des rides et des cheveux blancs ? Il n'y a plus que les vieux qui rient : les jeunes (ceux de la campagne comme ceux de la ville) se drapent dans des airs importants, se prennent au sérieux ou font semblant, croyent être sérieux parce qu'ils parlent politique sans rire, et complètent le masque immobile de leur physionomie par l'odieux narcotique de la *cigala*... Non ! les jeunes ne rient plus comme autrefois, parce qu'il n'y a plus de jeunes ; les vieux ont raison de pleurer ; mais quand ils ont pleuré, ils savent remonter à cette marque des cœurs forts et bons, le rire...

« Je suis sûr qu'au long de vos communications

hebdomadaires (chansons ou fabliaux), nous nous trouverons souvent d'accord, Mademoiselle, et je ne regretterai pas que le nom d'un vieux Président de Comice (nos paysans connaissent mieux celui-là que l'académicien) servît de recommandation à la 3e année du *Père André*, si celui-ci devait être fidèle à son programme : « Laisser de côté les luttes de parti... et ne pas entraver par des discussions stériles, et souvent hors de propos, le travail d'instruction et d'organisation agronomique. »— Malheureusement, ce plan est trop beau, trop surhumain pour durer une semaine. Il est d'ailleurs conçu en dehors de toute idée supérieure et créatrice indispensable pour féconder l'exploitation des intérêts matériels du paysan. — De ces idées-principes, je n'en vois pas trace dans ce No programme, et ce silence ne peut être que voulu. — Un seul correctif y peut être espéré puisque la poésie y aura sa place, c'est à elle « qui ne vit pas seulement de pain », mais aussi de « la parole d'en haut », de célébrer ces fêtes qui, le *long de l'an*, égayent le rude décours des saisons, relevant les petits et les pauvres, réconciliant ceux qui se croyent les *déshérités* avec ceux qui ont l'air d'être les *héritiers*... C'est la poésie qui dira — mieux encore que l'économiste — combien il est bon de rester au village, et combien de déceptions attendent à la ville l'ambitieux. Elle lui fera aimer les champs, se plaire à la succession des colons sur le même sol, enfants des maîtres et des fermiers confondant leurs générations (comme les Autrefois). Mais, pour cela, il faut ramer contre le courant, semer l'amour où tant d'autres sèment la haine, retenir les convoitises dans les limites du possible, et aux impossibilités opposer la vertu (comme autrefois) et la foi en une vie meilleure. — Vous avez vu ces mœurs traditionnelles et patriarcales sous le toit de vos pères, comme moi sous celui des miens. Les ferez-vous revivre ? Gardez-en du moins la mémoire comme ensemencement de l'année.

> « Zo la nai, la fleur rébiolle :
> Dian de la Jeanna la dra ! »

« Bon courage donc ! Et bon succès ! C'est mon vœu sincère. « GUILLAND. »

En somme, cette dédicace des *Autrefois* avait été si sensible au Docteur Guilland qu'il en oubliait la couleur rouge du *Père André*. Un instant il allait même, sacrifiant tout à la poésie, jusqu'à offrir son nom pour patronner le journal de *Dian de la Jeânna*. Il ne se faisait, dans sa sagesse, aucune illusion sur l' programme ; mais il croyait dans la mission divine du poète et cela lui suffisait. Qu'importait la prose menteuse, chansons et fabliaux resteraient seuls. Il en avait la conviction.

Octobre 1879. Le deuxième volume de *Dian de la Jeânna* va trouver aux champs le Docteur Guilland ce qui nous vaut ce tableau ravissant :

« Mademoiselle,
« Votre gracieux envoi m'a trouvé aux champs, joignant ainsi « l'opportunité » à son intime valeur.

Mais voyez la coquetterie de ce petit livre ! Il a fait comme la bergère de Virgile, se cachant en ses modestes atours au milieu d'un tas d'autres feuilles et cependant « voulant être aperçu »... Le paquet que m'avait laissé le pédon était gros : vite j'ai saisi les lettres ; après elles, deux ou trois périodiques : cette première revue accomplie, je croyais voir confusément dans le restant des programmes et prospectus de pépiniéristes avec la réclame immanquable du *Chocolat Menier* (« Eviter les contrefaçons ») et quelque nouveau Ferrugineux (dont le besoin se faisait sentir !), etc... Et je ne me pressais pas de rompre la bande, devisant en famille et avec nos bons voisins, les Vernaz, tout en buvant à petits coups notre café, quand enfin, tout doucement, sans se hâter, mais en fille sûre d'être écoutée, « La Jeânna » m'a soufflé à l'oreille un premier « reclan ». Oh ! alors, tous y ont passé les uns après les autres, tout notre petit cercle, l'oreille tendue, se récriant tour à tour sur la vérité et le naturel de celui-ci, sur l'exquise sensibilité de celui-là, sur la pénétrante mélancolie de l'un, sur la bonne gaieté de l'autre... Et moi, qui retrouvais dès le second « reclan » celui que vous m'aviez dès l'hiver dernier aimablement dédié, j'ai passé là deux longues et douces heures, rêvant aux « Autrefois », sans penser et sans bouder le présent si peu ensoleillé soit-il ce mois-ci.

« Nous vous avons dû, Mademoiselle, une délicieuse après-midi de dimanche ; et vos « Reclans » donneront dans huit jours, à tout notre petit monde du « sartot », une vesprée meilleure que nos tristes

pressailles de cette année, car le « Finocéra » (j'avais
lu tout d'abord *Rinocéra*) est là dans nos vignobles ;
et en attendant qu'il flétrisse nos ceps les uns
après les autres, déjouant le sulfure de carbone
officiel, nous avons assez et trop de l'oïdium, de
(*illisible*) (1) et de la coulière, le tout assaisonné
par-ci, par-là, de grêlons...

« Et il faut penser que les « Monchié » qui ne tra-
vaillent que de la plume et derrière leurs murailles,
ne produisant que d'inutiles volumes ou de char-
mants vers comme les vôtres, passant auprès du
manouvrier pour fainéants, seront bientôt eux aussi
forcés de moins boire, d'économiser le *bouché*, et de
se consoler des impôts sur la vigne et sur le vin, sur
les cercles et sur les bouteilles, en le buvant plus
vieux. »

Mais la tentative sociale d'Amélie Gex échoue au
Père André... Amélie Gex passe à l'*Indicaleur
savoisien* où vont se publier ses *contes*... Osera-t-elle
continuer cette œuvre en prose ?... Alors elle con-
sulte le bon Docteur qui l'a toujours encouragée
dans ses diverses tentatives littéraires, et cette lettre
est en même temps comme un élan de reconnaissance :

« Monsieur,

« Vous avez bien le droit de taxer mon silence
d'ingratitude, après les si charmantes pages que

(1) Nom d'une maladie dont souffrait la vigne en cette année
1879.

vous m'avez fait l'honneur de m'écrire dernièrement. Permettez-moi, Monsieur, d'essayer quelques
mots d'excuses espérant dans votre bonté pour
vouloir bien les agréer.

« Votre lettre me trouve encore à la campagne
où quelques amis étaient venus passer avec nous les
derniers jours de l'automne ; un peu les exigences
de l'hospitalité, un peu les apprêts du départ,
mes heures furent toutes prises, et j'eus le regret de
revenir à Chambéry sans vous avoir remercié de
tout le plaisir, je dirai mieux, de tout le bien que
m'ont fait éprouver vos paroles.

« Je crois vous l'avoir déjà dit, Monsieur, votre
voix est la seule qui me soit toujours venue en aide
ou comme conseil ou comme encouragement. Votre
approbation est la récompense que je promets à
chacun de mes efforts ; aussi comme je me sens heureuse lorsqu'après un de mes essais, je vois arriver
une de vos lettres !... Merci bien sincèrement, merci
de tout mon cœur, Monsieur, de cette aide dont je
sens un si grand besoin, de ces éloges précieux à tous
les titres et de ces critiques si justes et si bienveil-
lantes à la fois.

« C'est bien vrai qu'il y a autre chose à faire pour
le poète et pour l'écrivain que de louer les choses
présentes, et souvent j'ai senti le remords d'avoir
succombé à la tentation de l'épigramme pendant
que tant de choses bonnes et utiles restent à dire.
Mais, Monsieur, je me sens prise d'une si grande tris-
tesse, d'un découragement si profond en voyant
l'inutilité de mes tentatives, qu'il faut me pardon-

ner de me laisser un peu aller au courant. Il me
semble que je ne suis pas de taille ni de talent à rien
endiguer contre le mal, à rien fonder pour le bien. Ne
pensez-vous pas, Monsieur, que nous sommes maintenant que des démolisseurs et qu'il faut laisser
passer cette époque pleine de fièvre et de petitesses
en regrettant d'être obligé d'y vivre et de voir tout
ce qui s'y passe.

« Pour moi j'avais rêvé une œuvre que je n'ose
pas même ébaucher et qui restera dans le secret de
mon cœur, faute d'air et peut-être aussi de courage
pour l'entreprendre. Je m'en console en pensant
que si l'idée est bonne et utile, un autre l'aura
et saura faire mieux que moi qui ne sais que la
rêver.

« Permettez-moi d'oser vous adresser les premières pages d'un livre devant être, à mon avis, le
complément de mes chansons patoises. Je me suis
sentie à l'aise en écrivant au courant de la plume ces
souvenirs des *Autrefois* que je pleure plus souvent
que je n'ose le dire. M. Mossière m'a fait demander
de lui laisser reproduire quelques-unes de ces nouvelles dans son journal qui n'a pas de couleur politique. J'ai pensé que ce serait pour moi l'occasion de
faire juger mon travail et j'ai accepté volontiers.
Maintenant, Monsieur, si j'osais, je vous demanderais de vouloir bien me donner là-dessus votre avis
qui me sera si précieux et si utile.

« Je vous demande pardon de cette causerie un
peu longue et un peu triste, mais j'ai si rarement
l'occasion d'écrire avec confiance toute ma pensée

que j'use à plein cœur de cette liberté lorsqu'elle m'est permise. Merci encore, Monsieur.

« Veuillez, je vous prie, agréer l'expression de ma très respectueuse reconnaissance. »

Le Docteur Guilland dut lire partie du manuscrit des *contes*, à la suite de quoi il dut donner des conseils et surtout fortement encourager Amélie Gex à persévérer dans cette voie. En mars 1880, l'*Indicateur savoisien* ayant publié la *Mort de Lalo*, le Docteur Guilland envoya à sa correspondante un petit mot :

« Mademoiselle,

« Je lis quelquefois l'*Indicateur savoisien*, et j'y avais remarqué, sans soupçonner l'auteur, les fragments de *Lalo*. Je ne me doutais pas de la déférence si flatteuse que vous aviez bien voulu accorder à mes humbles observations et vraiment je dois être fier d'avoir pu par elles contribuer à vous pousser dans cette nouvelle voie. — Je me sens maintenant obligé à relire avec la plus grande attention cette nouvelle, sur laquelle vous voulez bien avoir mon avis : je l'emporte à ma campagne, où je me rends ce matin ; et, puisque vous ne craignez pas la rude pénitence d'une conversation avec un sourd, je vous en offrirai l'occasion durant la *Semaine Sainte* à mon retour, probablement dès dimanche, vers deux heures, si ce moment ne vous doit pas déranger. »

Lors de sa visite à Amélie Gex, cette dernière lui communiqua le manuscrit des « Contes de la Bovâ ». Le bon Docteur envoie sa critique paternelle :

« Venant à vos *Contes de la Bovâ*, je vous dirai qu'ils me paraissent devoir être lus avec autant de plaisir que vos précédentes publications du même genre. Vous avez voulu raviver pendant qu'il en est temps, et conserver notre *vieux langage* et nos *vieux usages*, qui s'en vont au grand galop. Vous y réussissez parfaitement. Ces poèmes en patois, ces chansons patoises, seront lues et répétées dans les villages. Elles pourraient donc être un véhicule puissant de sentiments moralisateurs qui en accroîtraient l'utilité. Vous ne pouvez dédaigner ce but plus élevé; mais vous en sentez la délicatesse, et craignez de trop appuyer sur cette pédale. Il faut en effet y apporter une grande discrétion et que la leçon ne se fasse jour qu'incognito, sans dire : gare! Vous y parviendrez. Quelques incorrections dues à votre copiste, disparaîtront sous votre contrôle ; je ne les note que pour mémoire...

« Charmante, la chanson du *Bossu!* Et la *Cigale* et la *Fourmi* portent au mieux leurs habits en tiretaine. Et la morale en découle nette. Les superstitions villageoises sont mises en évidence, sans toucher aux croyances respectables qui en ont été l'innocent prétexte.

« Et la *Rose gratta-cul?* Et les *Autrichiens !* Comme ceux-ci sont croqués sur le vif ! Et quelle mélancolique leçon dans les *Quatre Conscrits !*

« J'attends le reste et vous souhaite une bonne

villégiature, en joignant mes respectueuses salutations. »

Mais voici que l'Académie de Savoie accorde son premier prix à Amélie Gex, le Docteur Guilland triomphe et ce billet dit sa joie :

« Mademoiselle,

« Je n'ai pas la prétention d'être, ce matin, des premiers à vous féliciter, et j'ai été certainement précédé, bien sûr, par beaucoup. Mais je veux vous dire que personne n'a salué avec plus de plaisir et de sincère satisfaction la révélation de votre nom. Ce succès s'ajoute à bien d'autres ; mais aucun n'est aussi éclatant.

« Agréez-en mes vives sympathies. Et puisse votre santé se maintenir au niveau de votre courage, et nous valoir encore bien des régals !

« Votre affectueux et respectueux. »

C'est que le Docteur Guilland croit à la mission sociale et bienfaisante du poète, car le peuple a une bonne santé morale. Depuis longtemps il cherche à convaincre sur ce point sa correspondante : « On calomnie la foule, lui écrit-il, quand on la dit si mauvaise, si abjecte ! Au fond, en elle-même, et prenant isolément et un à un ses éléments, elle a de bons instincts, des élans généreux, elle croit. Elle a au besoin l'enthousiasme du beau et du bon : elle ne demande qu'à se voir montrer le chemin. Pourquoi faut-il qu'on s'ingénie à lui indiquer plutôt les mauvaises routes et les impasses ! Ses torts et ses erreurs lui viennent de ceux qui la devraient mener au bien, de ceux qui prétendent la diriger en ne lui montrant que des exemples fâcheux et ne lui donnent que des conseils perfides. »

Le 4 mars 1882, Amélie Gex, répond au Docteur Guilland :

« Monsieur,

« Vous avez eu la bonté d'augmenter par vos éloges le vif plaisir que m'a fait éprouver le succès de ce nouveau poème. Vos bonnes paroles, Monsieur, je me les étais promises comme une grande part de ma récompense. C'est vous dire qu'elles m'ont été chères et précieuses.

« Vous avez compris, en lisant ces pages, que j'ai tâché de suivre le conseil que vous m'avez donné jadis : j'ai essayé d'élever les cœurs et de les réconforter.

« Après le bonheur d'avoir été approuvée par des âmes d'élite, il me reste l'ambition d'être acceptée par le public si indifférent aujourd'hui à ces sortes de tentatives. C'est pourquoi je me suis décidée à publier cette œuvre malgré son exiguité.

« Veuillez, je vous prie, en agréer un exemplaire comme un témoignage de mon profond respect et recevoir l'assurance de ma constante gratitude. »

Lorsque parut en librairie le poème couronné, le

Docteur Guilland renouvelle encore son manifeste sur la mission sociale du poète :

« Et qui donc dirait à nos contemporains, à ces foules si enfiévrées de jouissance *matérielle*, le « sursum corda » ! Si ce n'étaient les poètes ? Vous étiez faite pour le dire ; vous étiez faite pour le comprendre et le sentir. Et vous vous en êtes si bien acquittée, que se croire pour quelque chose, pour si peu de chose que ce soit, solidaire de cette entreprise si heureuse, est une tentation trop douce pour y résister.

« Je conserverai comme un précieux joyau ce N° 7 du tirage signé de vos initiales. Je crois qu'en publiant, vous avez répondu à un désir général et qui se reproduira à mesure que l'on vous lira. On n'avait pas cru pendant longtemps que la foule fût sensible à la grande *musique* : elle envahit les concerts de musique classique de *Pas de Loup* et de *Colonne*. On croyait que les mauvais livres étaient seuls à faire de l'argent, et voici que l'*Abbé Constantin* de Ludovic Halévy, « quoique doux et honnête », se vend comme si c'était mauvais !

« J'espère que le tirage — si bien réussi au point de vue typographique par Ménard — s'écoulera rapidement et cette lecture vaudra et fera du bien à plus d'un plus qu'un sermon !

« Merci donc, Mademoiselle, de vouloir bien me laisser croire que je ne suis pas étranger à l'intention qui vous a inspiré une de vos plus belles créations, et vous a valu un succès de plus, en attendant ceux qui suivront. »

Les *Dilons* nous valent un cours de littérature sur les patois savoisiens. Cette lettre est à lire, elle nous instruira beaucoup :

« Mademoiselle,

« Je venais de lire un article bibliographique sur vos *Dilons*, lorsque votre gracieuse attention a prévenu mon désir de me les procurer. Ménard a été un bon parrain pour cette publication et il a passé à sa filleule une robe charmante, dont le bibliophile François Rabut sera satisfait.

« A recueillir les *Dilons*, à les fixer, à en choisir un cent, vous vous êtes reposée de ces autres travaux, qui sont des créations qui ne naissent qu'à leur heure et quand « il plaît à l'Esprit ». La plupart se font remarquer par une portée pratique réelle : tous méritaient d'être conservés. Or, non seulement le moule patois où ils ont été coulés va se perdant chaque jour ; mais cette forme aussi de la sagesse des nations tend à disparaître de nos habitudes, et Sancho-Pança, avec ses proverbes, serait de plus en plus démodé parmi nos contemporains.

« Les efforts pour reproduire et conserver les dialectes se multiplient pourtant de nos jours, sans doute en vertu de cette loi qui veut que les lettres fassent à chaque époque le contre-poids des foules, relèvent ce qu'elles se mettent à dédaigner, rétablissent l'équilibre en leur rappelant ce qu'elles oublient, en reportant le poids de leurs opinions et de leurs avis au côté opposé à celui vers lequel « l'abro pensa se degringola ».

Nos patois savoyards n'ont pas été (*illisible*) **une** langue écrite, comme celle d'oc et d'oïl : ils varient indéfiniment d'une vallée à l'autre, même d'un village à l'autre, et c'est là une défectuosité et **une** difficulté de plus. Ils ont eu pourtant leur **Mistral,** leur Roumanille... Les chansons du médecin Béard n'ont jamais été imprimées, bien qu'elles aient fait tout le tour de la Savoie : cette édition devrait tenter Ménard : parlez-lui en ! (1).

« Le patois dauphinois — intermédiaire entre les nôtres et ceux **du Midi,** mais plus affiliés à ces derniers — a eu ses illustrations : (*illisible*), **de** Sienne, lui a fait sa place dans son Journal. **Je** lisais dernièrement un volume de *Noëls Dauphinois*, œuvre de l'abbé L. **Moutier,** gracieux et alerte. Et ces « *Nouveous Doufinens* » me rap-

(1) J. Béard naquit à Rumilly en 1805 ; fils d'un petit propriétaire de l'Albanais il fit ses études classiques au Collège de sa ville natale, puis à Annecy, à Chambéry, où il entra au Séminaire. Il alla ensuite étudier la médecine à Lyon où il passa six ans. Ensuite il se rendit à Paris pour y passer ses derniers examens, mais son père étant mort, il se trouva sans ressource. Rentré à Rumilly en 1839, il y exerça la médecine sans diplôme, le médecin du pays ayant succombé à la maladie. En 1847, il voulut régulariser sa situation et partit à Turin pour y soutenir ses thèses ; malheureusement il fut rappelé d'urgence en Savoie par la maladie d'une de ses sœurs. En 1848, il est poursuivi devant le Tribunal d'Annecy pour exercice illégal de la médecine. En 1856, il fut à nouveau condamné. Contre ces condamnations Béard protesta dans des mémoires qu'il adressait au Sénat de Chambéry. Après la réunion de la Savoie à la France, en 1860, l'Empire empêcha toute nouvelle poursuite contre Béard, qui était aimé, estimé et réputé dans l'Albanais.

Nous avons de Béard des poésies françaises surtout satiriques et des chansons patoises dont les plus célèbres sont : *Le Retour à la Ferme* et *Les deux Bœufs*. *Le Recueil complet des chansons de J. Béard en patois savoyard* a été publié en 1888 par **M. Aimé** Constantin (1 vol. Annecy, chez Abry, 1888).

pelaient ceux qu'ont collectés, dans la *Revue Savoi-sienne*, l'avocat Despine et M. Constantin. Je songeais aussi aux poésies de Ducroz, de Sixt père ou oncle d'Octave Ducroz, encore avocat à Paris, et qui n'a versifié qu'en français.

« Il me semble, qu'il y a quelque chose à faire dans cette voie chez nous, malgré l'infériorité de nos dialectes et leur variété. Le patois de Rumilly mériterait, à divers titres, d'être choisi comme type moyen et plus connu grâce à Béard, à l'histoire de Rumilly et à la situation topographique.

« J'aimerais à voir notre Académie tenter ou plutôt encourager quelques efforts en ce sens : il y aurait là de quoi allécher celui de ses membres qui sera appelé à succéder au Chanoine Chamousset, comme Secrétaire Perpétuel ; et, sur ce terrain comme sur les autres, l'Académie de Savoie donnerait la main à la Florimontane... Qu'en pensez-vous ?

« Pour moi, je n'aperçois pas là une simple fantaisie d'érudit, un jeu d'académicien, une étude linguistique : je vois une portée moralisatrice et saine à tout ce qui, en ce moment de nivellement, de table rase, et de révolution, ressuscite ou conserve les traditions antiques et le patriotisme local.

« Voyez, Mademoiselle, comme je me dédommage, la plume à la main, d'être loin de vous, et de ne pouvoir, même quand j'en suis plus près, converser librement avec vous et sans crainte de vous fatiguer ! S'il en allait autrement et si ce n'était mon isolante infirmité, nous nous découvririons, je crois, bien des points de contact et d'entente.

« Que Dieu conserve votre santé et vous envoie souvent ses « Inspirations ! »

Hélas ! ce fut la dernière lettre !... Mais qui donc prétendait que l'art épistolaire n'existait plus à la fin du XIXe siècle ?

Amélie *GEX*

et

les *Félibres Rouges*

Louis-Xavier de RICARD et FOURÈS

LOUIS-XAVIER DE RICARD

ET

LES FÉLIBRES ROUGES

LE *Long de l'an* fut remarqué en dehors de la Savoie par les *Félibres* dont le mouvement de renaissance poétique parti, vers 1850, de la librairie Roumanille en Avignon, gagnait vers 1870 le pays entre Rhône et Loire, en particulier Montpellier et Toulouse. Mais en Languedoc le félibrige se colorait d'une teinte particulière. En effet, les félibres de Montpellier et Toulouse étaient républicains fédéralistes, presque socialistes ; ils se réclamaient des Albigeois. Ils flagellaient rudement Montfort et ses bandes... Ils furent les félibres rouges. Comme chefs, ils eurent deux hommes au fort tempérament poétique : le sombre Xavier de Ricard et l'ardent Fourès.

Louis-Xavier de Ricard (1), qui était en tête de ce mouvement de décentralisation littéraire,

____

(1) Louis-Xavier de Ricard, fils du général marquis de Ricard, né à Fontenay-sous-Bois en 1843, fut l'un des fondateurs du *Parnasse*. A 20 ans, il débuta par un volume de vers. Bientôt après il

comme il avait été en tête du mouvement par-
nassien, envoya à Amélie Gex une magnifique
lettre qui est l'appréciation la plus remarquable
de son talent poétique :

« Mademoiselle,

« Aussitôt votre livre reçu, je m'empresse de
vous répondre ; vous pouvez me compter, nous
compter moi et ma femme, au nombre de vos admi-
rateurs. Dans votre *Long de l'an*, il y a tout simplement des chefs-d'œuvre. C'est du Pierre Dup ont
sincère, sans imitation, avec une verve toute particulière et une exquise senteur de terroir. Vous êtes
absolument poète dans la plus large, dans la plus
belle acception du mot. C'est un grand bonheur
pour cette renaissance des autonomies locales qui
nous est si chère et qui s'entend très bien avec
l'amour de la France ; c'est une bonne fortune
pour notre cause, pour notre idée, que la manifestation d'un talent sincère, vrai, verveux et
artiste comme le vôtre. Vous réunissez des quali-

fonda la *Revue du Progrès* (1863) pour lutter contre l'Eglise, pour
défendre la libre pensée attaquée par Mgr Dupanloup. Il eut des
procès politiques. Puis fonda avec Catulle Mendès l'*Art* et lança
la maison d'édition Lemerre avec le *Parnasse contemporain*,
recueil de vers nouveaux. Il prit part à la Commune, dut se réfu-
gier en Suisse. En 1873, il se fixa à Montpellier où il fonda plusieurs journaux et des Sociétés comme l'*Alouette* avec Auguste
Fourès et Edmond Thiaudière. En 1885, il partit en Argentine.
Revint à Paris et mourut en 1911. Ces 2 volumes : *Les Chants de
l'Aube* et *Ciel, Rue et Foyer*, mettent Xavier de Ricard au rang
des meilleurs poètes contemporains. (D'après Walch, *Anthologie
des poètes français contemporains*, 1 vol., Paris, Delagrave, 1910
p. 207 - 209.)

tés bien rares ; et je vous prie de croire à l'expression très vive de mon admiration.

« Je me suis permis immédiatement d'extraire pour le second Nº de notre revue la sincère poésie le *Retour du Soldat*. J'annonce le volume, et me réserve d'y revenir plus au long dans le troisième numéro de la revue et dans notre almanach. Si j'étais à temps, si j'espérais que cette lettre vous arrivât aussi vite que je l'eusse désiré, je vous eusse demandé quelque chose d'inédit : mais je me permets de vous le demander pour notre almanach et le 3ᵉ de notre revue.

. . . .

« Je vous prie de vouloir bien agréer, Mademoiselle, l'expression sincère de mes remerciements pour un volume qui m'a fait tant de plaisir et de mon admiration pour votre rare et précieux talent.

« A vous bien respectueusement.

« L.-Xavier DE RICARD.

« Ma femme se joint à moi pour vous exprimer à quel point vos vers si puissants et si sincères l'ont émue et vous prie de vouloir bien accepter une poésie en dialecte montpellierain : « *La Pigueira* ».

P.-S. — « Comme nous avons voulu faire de notre *Alliance Latine* une Société ouverte à tous, il n'y a nulle condition à remplir. Nous tâchons seulement de tenir à l'écart les réactionnaires trop avérés pour garder à notre Société son caractère libéral et progressiste. »

Dans cette première lettre à Amélie Gex, Louis-Xavier de Ricard avait insisté de façon précise sur la question de l'orthographie en termes excellents, qui montrent combien ces questions de linguistique étaient familières au fondateur du « Parnasse » ;

« Si je me permettais une observation, Mademoiselle, ce serait sur l'orthographe que vous avez adoptée et qui ne me paraît pas régulière. M'en voudrez-vous d'attirer votre attention sur ce sujet ? Nous avons, pour nos dialectes, fait un travail orthographique qui me paraît devoir être imité avantageusement. Par exemple, dans ce vers :

Icé, plus nion que no z'harcelle...

ne faut-il pas *nos* dont l'*s* finale se fait sentir devant une voyelle comme en français d'ailleurs où on écrit *nous* harcelle et non *nou-z'harcelle*. — Je ferai la même observation pour les articles : *lo z' anglais* n'est-ce pas *los* anglais, comme chez nous où ce serait *lous anglèses*. Votre *z* me paraît être le *y* provençal : vilaye en provençal se prononce vilazé, chez nous la prononciation diffère *vilaljé* ; nous écrivons cependant avec le y pour l'unité de la prononciation et faciliter la lecture à ceux qui parlent d'autres dialectes. Ne vous semblerait-il pas bon de ranger votre dialecte à la même unité, pour le même avantage. D'ailleurs, cette réforme serait bien peu de chose : il n'y a pas de quoi vous préoccuper deux jours. — Pardonnez-moi cette critique que je n'ose développer de peur de vous déplaire, que je ne fais que vous indiquer aujourd'hui et que je livre à votre appréciation. »

En Savoie, on est peu démonstratif et cette lettre
de X. de Ricard surprit agréablement Amélie Gex
qui, dans sa timidité, doutait d'elle-même et n'osait
croire à son talent.

« J'ai reçu hier votre lettre et pour répondre dans
la mesure de mon pouvoir à toute la cordiale bienveillance que vous me témoignez, je me permets
de vous envoyer une chanson presque inédite et
une simple élégie qui s'est trouvée ce matin au
bout de ma plume. Je prie Madame de Ricard de
l'accepter tout en pardonnant son insuffisance en
faveur de la bonne volonté de l'auteur.

« Je vous remercie, oh ! bien sincèrement, Monsieur, du gracieux accueil que vous avez fait à mes
pauvres chansons qui n'eussent jamais espéré être
autant choyées. La note vraie qui s'y trouve doit
venir de ce que je les ai *toutes vécues*, pardonnez
cette expression. Ma vie presque entière passée au
milieu des scènes que je décris est un garant de leur
véracité. Pour le reste, Monsieur, il me semble qu'il
n'est pas difficile de le trouver en laissant parler
son cœur.

« Vous l'avez vu cependant, cet essai est bien
informe encore sous le rapport de la linguistique,
mais vous serez moins étonné quand je vous aurai
dit que chez nous tout est encore à faire à cet égard.
Du reste, j'ai écrit sans direction, sans lumière, me
forgeant une orthographe bien souvent remaniée
et surtout adaptée à l'instruction très élémentaire
de nos paysans pour lesquels j'avais composé mes
premières chansons en octobre, l'an passé pour les

élections. L'œuvre d'opposition et de propagande s'est transformée en tentative littéraire après avoir lu l'appel que vous fîtes insérer l'hiver passé dans les journaux républicains des provinces. Voilà comment j'ai été amenée à m'occuper de notre vieux dialecte dont nul ici ne prenait plus de souci, malgré que nous soyons abondamment pourvus d'académies locales.

« La chanson que je vous envoie aujourd'hui faute de mieux est de l'époque des élections. Vous verrez, Monsieur, que tenant compte de vos très justes observations, j'en ai modifié l'orthographe pour l'article *los* qui en effet est beaucoup mieux ainsi. Peut-être d'autres irrégularités vous frapperont-elles, mais j'ai tenu à conserver entièrement la prononciation locale au détriment des règles grammaticales jusqu'au moment où j'espère (sans trop oser y compter cependant) l'on fixera dans un ouvrage spécial les éléments du dialecte savoyard.

« Et à ce propos, Monsieur, permettez-moi de vous dire qu'au lieu de me froisser de vos remarques, je vous remercie et ose même vous prier de les renouveler et de leur donner tout le développement que vous jugerez utile. Je suis loin d'être susceptible et d'ailleurs j'aime passionnément le beau et le bien. Je ne puis donc qu'être heureuse lorsqu'on m'aide à les réaliser.

« J'ai tellement au contraire compté sur les critiques qui me seraient faites pour modifier en bien cette ébauche que je n'ai fait tirer que 500 exemplaires du *Long de l'an*, pensant avoir plus tard des données certaines pour en corriger les fautes et en tirer de nouveau une édition correcte.

« J'ai oublié de vous prier dans ma première lettre de me garder vis-à-vis du public le pseudonyme que j'ai adopté. Je me sens plus à l'aise sous ce nom tout populaire qui me permet de dire ce qu'il serait malséant à une femme d'oser penser tout haut.

« Au reste, j'espère qu'avant deux mois je signerai de mon vrai nom un volume de vers français qui est maintenant sous presse et dont je prie Madame de Ricard de vouloir bien accepter ce petit échantillon pour lui donner une idée du livre que je compte bientôt pouvoir lui offrir.

« Soyez assez bon, Monsieur, pour vous charger de tous mes remerciements pour elle. J'accepte avec plaisir et reconnaissance la poésie qu'elle veut bien me dédier et suis toute impatiente de la connaître.

« Oh ! quelle belle chose que la solidarité humaine et quel lien que le patriotisme sincère ! Puissiez-vous, pour la grande et généreuse tâche que vous assumez, rencontrer partout la bonne volonté que je vous offre.

« Excusez cette longue lettre, Monsieur ; vous m'avez démontré une si parfaite bonté que je me suis sentie de suite prise de confiance et d'abandon.

« Il est entendu que dans tout le peu que j'ai écrit, si quelque chose peut vous être utile, vous pouvez en user, ce sera à la fois un honneur et un bonheur que vous me procurerez. »

Aux vers de Mme Xavier de Ricard, Amélie Gex avait répondu par la complainte *Ce que m'a chanté l'Allouette*, qu'elle dédiait à l'auteur du poème *La Figueira*. D'où cette nouvelle réponse de X. de Ricard :

« Mademoiselle,

« Nous paraissons bien coupables à votre égard ; mais, si l'intention est ce qui accuse ou absout, nous sommes indemmes de reproche. Ma femme, qui a été touchée plus que je ne saurais l'exprimer de votre envoi et de votre lettre, est indisposée à la suite de grandes fatigues ; et ses parents étant venus passer quelques jours chez nous, elle a dû être tout à eux, et vous supplie de ne pas lui en vouloir. Aussitôt remise, elle se fera un plaisir de vous écrire et elle espère bien nouer avec vous, Mademoiselle, de continues et plus intimes relations. »

Dans le 3e No de l'*Alliance Latine*, Xavier de Ricard rendit compte du « *Long de l'an* » avec verve et enthousiasme. Ce compte rendu vaut qu'on le reproduise, c'est ce qu'il y a eu de mieux écrit sur *Dian de la Jeânna* :

« L'idée marche, l'œuvre s'accomplit. Voici que le dialecte savoisien s'éveille maintenant avec un poète de rare et bonne qualité ; un vrai, un excellent poète démocratique et populaire, ayant l'inspiration franche, hardie, passionnée des belles chansons de Pierre Dupont. Dian de la Jeânna (pseudonyme évident) est un Savoisien, et c'est pour les paysans, les ouvriers de chez lui qu'il chante l'*Avril*, les *Rogations*, le dernier *Jour de la moisson*, les amoureux qui vont secouer les noisetiers, les batteurs en groupe, la *Vogue* de Saint-Barthélemy, la vendange, les chasseurs et mondeurs de noix, la Noël, la *Rime* du servant (lutin familier), la complainte du Conscrit, etc., mais n'ayez peur de rencontrer dans tous ces sujets la répétition des expressions et des procédés employés ordinairement. Les vendangeurs de Dian de la Jeânna sont bien de Chambéry ; ses batteurs en groupe battent le blé à la façon savoisienne ; et le printemps de Dian de la Jeânno n'est ni le printemps provençal ni le printemps classique des poètes français, c'est l'avril en Chambéry. Le trait particulier, qui domine nettement, qui donne à chaque phrase son caractère précis et personnel, le poète le possède comme pas un ; et c'est cela qui fait les vrais poètes ! Point d'apprêt, point de convenu, point d'imitation ; l'*originalité de la réalité*. Car, pour réaliste, *Dian de la Jeânna* l'est, mais de la bonne façon, c'est-à-dire par l'expression sincère de la vérité, sentie sincèrement sans parti-pris d'école ni d'effet à produire. Rien de plus amusant, de plus enlevé, que ces chansons sur les *Rogations*, sur la *Vogue*, sur la *Noël* : cela est d'une gaieté très moqueuse, très entraînante, point du tout *cagote*. Car Dian de la Jeânna est républicain et patriote ; il est tout moderne dans ses aspirations comme dans ses passions, et, sentant son dialecte bien vivant, il ne veut pas l'emmailloter et l'ensevelir dans le linceul des idées mortes qu'on va enterrer. De ces grands souffles de patriotisme qui poussent ses *rimes* et ses *fanfiournes*, il sait s'en reposer en de charmantes chansons bucoliques, pleines de finesse, de grâce, semées de vers qui fleurent une âme féminine. Nous voudrions insister encore sur ce livre, qui est pour nous un des meilleurs que l'on ait publiés, un de ceux qui révèlent vraiment un poète de race et d'instinct.

« En même temps qu'ils nous annoncent cette bonne nouvelle : *un vrai poète de plus*, ces vers en apportent une autre : le réveil d'un des dialectes de notre parler latin. A ce point de vue nous attirerons l'attention du poète sur son orthographie, que nous l'engagerions fort à corriger ; il lui appartient, tout en restant ce qu'il est, essentiellement populaire et spontané, de conformer son dialecte à une orthographie rationnelle et régulière. »

Nous avons retrouvé heureusement la réponse qu'Amélie Gex fit à X. de Ricard ; la voici dans sa modestie :

« Monsieur,

« J'ai hâte de vous remercier de l'envoi que vous avez bien voulu me faire de la Revue de l'*Alliance Latine*, mais surtout de l'article si bienveillant que vous consacrez à mon petit livre. Ces éloges donnés à une œuvre toute spontanée et qui n'est qu'un essai, prouvent, Monsieur, combien vous avez à cœur d'encourager les tentatives sincères vers le bien.

« Je vous prie donc d'agréer l'expression bien insuffisante de ma gratitude pour l'aide que vos paroles si autorisées donneront à cette œuvre qui commence.

« Avant de continuer, permettez-moi, Monsieur, de vous demander encore si vous avez reçu une lettre de moi en date du 27 septembre (1) contenant plusieurs pièces, soit françaises, soit en dialecte, et une autre lettre écrite il y a douze jours, à peu près : les graves inexactitudes de la poste à votre égard que vous signalez vous-même dans la Revue, me font craindre que ces envois aient eu la mauvaise chance de ne point vous parvenir. Je le regretterais bien vivement, car ce contre-temps pourrait vous faire douter de tout le plaisir que m'avait causé votre première lettre et de la reconnaissance que m'ont inspirée les marques de sympathie que vous m'y prodiguiez, soit en votre nom, Monsieur, soit en celui de Madame Ricard.

« Ce sont choses trop rares et trop précieuses pour qu'un cœur vraiment sincère n'en soit pas profondément touché. Permettez-moi de vous redire maintenant ce que je vous disais alors. Je vous offre de bon cœur mon faible concours dans la belle et utile mission dont vous assumez la charge et vous prie, en même temps, de m'accorder les conseils dont, vous le voyez, j'ai grand besoin et qui me manquent totalement dans le morne et indifférent milieu où je me trouve placée.

(1) 1878.

« Vos critiques sur l'orthographie de mes chansons sont, certes, très justes et même bien modérées ; de crainte de me répéter, je ne vous redirai point de quelle façon, peut-être trop hâtée, j'ai dû procéder pour les écrire telles qu'elles sont afin d'obtenir, au moins, que l'on s'en occupât.

« Aujourd'hui que j'ai recueilli assez de marques d'assentiment pour oser en parler ouvertement, j'ai pensé soumettre au jugement de l'Académie de Savoie un nouveau fascicule de vers patois auquel je travaille : *Los Contio de la bovâ* (Les Contes de l'écurie), contenant quelques-uns de ces récits naïfs et quelques-unes de ces histoires merveilleuses d'il y a trente ans, et qui me sont restés si nets et si vivants dans la mémoire que je n'ai eu qu'à en évoquer le souvenir pour les écrire presque couramment. C'est à propos de cette nouvelle publication, Monsieur, que je viens vous prier de vouloir bien me faire les observations que vous jugerez utiles à la réformation de mon orthographe. Au reste, je joins à cette lettre quelques notes explicatives sur la prononciation du patois de l'arrondissement de Chambéry ; peut-être, alors, comprendrez-vous, Monsieur, pourquoi ma manière d'écrire le dialecte paraît au premier abord irrationnelle.

« Je vous prie, en finissant, Monsieur, d'agréer de nouveau la vive expression de ma reconnaissance et de présenter à Madame de Ricard l'assurance de ma respectueuse sympathie. »

Nous ne savons si Xavier de Ricard eut le temps

de faire de nombreuses observations sur l'orthographe des Contes de la Bovâ. Sur ce point, nous n'avons pas de correspondance, mais ce que nous avons c'est l'appréciation générale qu'il porta sur l'œuvre patoise et française d'Amélie Gex. Cette appréciation nous la détachons d'une lettre datée du 5 janvier 1880 et envoyée du *Mas de l'Encombe*, près Montpellier :

« Mademoiselle,

« J'ai reçu hier et avant-hier votre volume de poésies et votre brochure des *Echos de Savoie*. Je compte bien vous dire publiquement tout le plaisir qu'ils nous ont fait. Vous avez une qualité bien rare dans la poésie contemporaine : l'accent vraiment populaire. Il y a beaucoup en votre talent de celui de Pierre Dupont, avec une note *paysanne* plus précise, plus réelle encore. Je considère certaines de vos poésies comme de véritables chefs-d'œuvre du genre. Aussi apprécié-je beaucoup plus les petits poèmes purement locaux, vus ou vécus directement par vous-même, que ceux dans lesquels vous vous souvenez, malgré vous, des maîtres français ; par la même raison, j'ai une préférence marquée, dans votre œuvre, pour vos œuvres patoises qui ont une saveur plus personnelle et plus intense, sans cependant méconnaître le mérite de beaucoup de vos poésies françaises. »

L.-Xavier de Ricard fit publier dans la « *Marseillaise* » de son ami Léon Cladel (décembre 1878) la poésie « En tornan u velazo ». Il invita Amélie

Gex à collaborer à la revue l'*Alliance Latine*, surtout à lui envoyer des contes populaires et des poésies patoises pour l'*Almanach* l' « *Alouette* », almanach du Patriote latin paraissant chaque année en janvier. Il lui demanda d'envoyer des *saluts* en patois pour le banquet de l'*Alouette* de Paris. A ce sujet, il lui écrit :

« La société l'*Alouette* va donner à Paris un banquet auquel assisteront un assez bon nombre de Latins des deux continents. Il a été convenu que ceux des absents, qui voudraient prendre part à cette petite manifestation, s'y feraient représenter par des *bruides* ou des saluts envoyés et qui seront lus (et ensuite publiés). Il serait bien heureux pour l'*Alouette*, Mademoiselle, que vous voulussiez bien y assister aussi. L'envoi devrait partir au plus tard lundi ; je me chargerai de l'adresser à nos amis de là-bas ; sinon, si vous préférez le leur faire parvenir directement voici l'adresse de trois organisateurs du banquet : M. Crouzet, 81, rue Saint-Sauveur ; Ensenat, 86, même rue ; Edmond Thiaudière, 32, rue Serpente. Mais les envois en dialectes méridionaux regardent surtout M. Crouzet. »

Amélie Gex répondit aussitôt à si aimable invitation et envoya, pour le banquet du 22 décembre 1878, le salut qui, dans les « *Reclans de Savoie* », a pour titre : *Mes deux mots de latin.*

Une lettre d'Amélie Gex du 21 avril 1879 nous révèle combien fut importante l'influence que X. de Ricard a exercée sur son esprit et précise bien la répercussion que le mouvement des *félibres rou-*

ges eut en Savoie ainsi que la tentative de régénération paysanne qu'il y fit naître :

« Monsieur,

« Les quatre derniers mois de notre rigoureux
hiver ont été si préjudiciables à ma santé que j'ai dû
interrompre tout travail et toute correspondance.
C'est le motif du silence que j'ai gardé envers
vous pendant si longtemps malgré tout le désir que
j'avais de vous remercier du gracieux envoi que
vous m'avez fait du livre : *Des Nationalités*. Je
vous dois un grand plaisir, Monsieur, j'ignorais
l'œuvre de Pi y Margo si admirablement traduite
par vous. Merci de me l'avoir fait connaître.

« Notre pays et la cause que nous soutenons tous,
vous devront beaucoup.

« Ces livres-là sont un bienfait pour l'heure présente si pleine de défaillances et d'obscurité.

« Merci encore de me l'avoir fait lire.

« Je joins à cette lettre une chanson inédite
dont je vous prie de vouloir bien accepter la dédicace. C'est, je crois, l'expression sincère des cœurs
troublés dans leur sentiment d'honnêteté native en
voyant l'inégalité des conditions de la vie humaine.
Bien des gens de mon pays ne me pardonneront
peut-être pas de toucher à cette corde-là, mais je
me suis promis d'être sincère avant tout et je
serais heureuse si je pouvais avoir à ce propos
votre approbation.

« Vous trouverez encore dans le même envoi,
Monsieur, les trois premiers numéros d'un tout

petit journal dont vous me permettrez de vous dire quelques mots. Depuis longtemps déjà, je désirais qu'il fût créé en Savoie un organe de publicité qui n'eût à s'occuper que des intérêts des paysans, pauvres sacrifiés de tous les gouvernements, sans voix, sans appui, sans direction même sous un régime social qui s'intitule le gouvernement de tous.

« Sous l'influence de cette idée et poussée au reste par un concours de circonstances difficiles à éluder, je me suis décidée à accepter temporairement la rédaction *entière* du *Père André*, petite feuille dont le nom déjà populaire m'assurait des lecteurs. C'est une lourde charge que celle que j'ai assumée. Je le sais bien plus pour moi certainement que pour tout autre dont la santé est si précaire et vivant dans un milieu où mon nom de femme m'interdit toute manifestation virile de la pensée ; il est vrai qu'en gardant l'anonymat, je conserve ma liberté, mais combien d'obstacles n'en restent pas moins réels et insurmontables.

« J'habite un pays où la classe aisée et dirigeante joint à l'apathie et à l'égoïsme les plus absolus [l'horreur de l'initiative], la haine pour la libre pensée, c'est vous dire tout ce que j'aurai à supporter, d'indifférence systématique au premier abord, puis de luttes et de dénigrements par la suite. Malgré cela, ou peut-être à cause de cela, je sens la nécessité de l'œuvre que j'entreprends. Œuvre locale et sociale qui ne peut dès l'abord laisser entrevoir le but vers lequel elle tend, c'est-à-dire la reconstitution de cette puissante race de montagnards qui a passé si fière et si forte à travers les siècles à qui les vingt dernières années ont enlevé tout ressort moral.

« J'ai lu avec un vif plaisir les premiers numéros de la *Commune libre* qui me sont parvenus dans un moment de grande souffrance, ce qui, comme je vous le disais, m'a empêché de vous en remercier. En lisant votre hardi et sincère programme, Monsieur, j'enviais le bonheur de pouvoir dire haut et ferme ce que l'on pense et de se sentir compris et appuyé comme je suis sûre que vous l'êtes, dans le milieu intelligent et généreux dans lequel vous vivez.

« J'ai vu dans la *lauseta* où vous m'avez fait grande place que mon salut au groupe parisien avait été agréé. Je ne puis, Monsieur, que vous renouveler l'expression de ma gratitude pour tout le bon vouloir que vous me témoignez et vous prie d'excuser cette longue lettre écrite avec cette confiance et cette franchise que vous m'avez inspirée. Si j'osais, je demanderais en finissant à Madame de Ricard de se souvenir qu'elle m'avait fait espérer quelques lignes que je serais bien heureuse de recevoir.

« Veuillez, Monsieur, lui présenter mes compliments respectueux et croire à l'assurance de ma haute considération. »

X. de Ricard continua à faire *grande place* à Amélie Gex. Il nomma en effet, dans l'*Alliance Latine, Dian de la Jeânna* comme chef de groupe félibrige et correspondant en Savoie. Il l'invita à assister aux Fêtes Toulousaines du Félibrige... Grâce à lui, *Dian de la Jeânna* devint un personnage parmi les Félibres.

La réputation de *Dian de la Jeânna* grandit rapidement dans le monde enthousiaste et bruyant du Félibrige. Le 17 octobre 1881, Auguste Fourès (1), félibre notoire, décernait à *Dian de la Jeânna* le titre envié de *trouvère*, dans un sonnet daté de Castelnaudary en Lauragais et dont voici la traduction française.

Les Hirondelles.

A Jean de la Jeanne, après avoir lu le Long de l'An.

Ce matin, sur les toitures, — aux lucarnes, au galetas, — les hirondelles vont par vols ; — elles sont cent, bientôt presque un millier.

Elles jouent, secouent leurs ailes — et certes elles gazouillent aussi ! — Elles disent : « Voici la froide saison — qui couvrira d'ennui le Lauragais !

Voici l'hiver avec sa clique ! — Allons où le temps est sûr — vers l'Asie ou droit à l'Afrique. — Il nous faut de la clarté et de l'azur.

(1) Auguste Fourès (1848-91), surnommé le *dernier Albigeois*, naquit à Castelnaudary le 8 avril 1848. Il publia d'abord plusieurs plaquettes de vers français. En 1876, il rencontre aux assises du Félibrige en Avignon Xavier de Ricard, se lie avec lui et fonde l'Almanach l'*Alouette* qui proclamait le culte des victimes de la croisade des Albigeois (1877 à 1879 et 1885). Il donne à partir de cette époque de nombreux livres de vers, et des contes en langue d'oc. Elu Félibre majoral en 1881, il le resta jusqu'en 1892, date de sa mort. Ses œuvres les plus célèbres en langue d'oc sont : *Les Grillons* et les *Chants du Soleil*. (D'après Van Bever. *Les Poètes du Terroir* ; Paris, Delagrave, 1919, t. III, p. 130.)

Comme le blé que le semeur — fait s'échapper de
sa main — elles semblent s'éparpiller dans l'air. —
Elles partent. Demain, il serait trop tard.

Le ciel n'a pas bonne mine — Qu'il est joyeux
leur banissement ! Elles traverseront la mer latine
— avec les cailles bravement.

Avant de les perdre de vue, — je leur crie : Bon
vent ! Salut ! — Et je sens que mon âme s'attriste.
— Ah ! les beaux jours sont passés !

C'est à ce moment que ton livre — plein de jolis
vers — m'est arrivé, vaillant félibre — qui aime
ton pays montagneux.

Et dire que ces oiselles — croyaient emporter
toute la gaîeté — et toutes les chansons nouvelles
— et me laisser là comme idiot.

Que la gloire vienne ! J'aurai de la joie — Quel
bonheur ! que cela m'est consolant ! — Tes hirondelles de Savoie — chantent bien tout le *long de
l'An*.

Amélie Gex répondit au sonnet de Fourès par
la chanson *Au temps des Framboises*, qui est encore
iénidte et dont voici la traduction :

Au temps des Framboises.

A M. Auguste Fourès.

Là-haut dans la taillée qui gronde
Comme un ours qui se fait de l'ennui,
Je sais des coins cousus de myrtils
Et enguirlandés de chèvrefeuille.
Je sais, Mie, un sentier qui grimpe
Le long du ruisseau, garni de mousse,
Un sentier tout ourlé de framboises
Que le soleil a rougies.

Je sais sous un grand sapin noir
A la pointe de Tournalou,
Un rocher rebordé de lierres.
Où il n'y a de place que pour deux...
Dis, Mienne, veux-tu un dimanche
Nous en aller nous deux, seuls,
Nous deux, seuls, faire vendange
Des framboises du petit sentier ?

De même qu'une abeille badine,
Tu becquetteras les myrtils
Il faudra tout un jour de maraude
Pour cueillir plein ton petit panier ;
En égrenant chacun sa branche,
Ce ne sera pas si tôt fini ;
Il nous faut compter, dès l'aube blanche,
Mienne, au moins jusqu'au crépuscule.

Allons !... Est-ce oui ? Faut-il t'attendre
Au carrefour du Tronc-Fendu ?...
Miette, peut-on se défendre
D'aller cueillir le bien perdu ?
N'est-ce pas pour remplir les corbeilles
Que les amoureux font balancer
Que, dans les bois, le bon Dieu sème
Les myrtils et les framboisiers ?

Quand à *Edmond Thiaudière*, autre félibre, il appréciait surtout les poésies françaises d'Amélie Gex. Il écrivait le 2 janvier 1880 :

« Mademoiselle,

« J'ai lu avec une sincère et vive admiration les très remarquables poésies que vous m'avez fait l'honneur de m'envoyer. Si j'étais de ceux qui peuvent dispenser la renommée aux écrivains de talent, je ne manquerais pas de le faire pour vous, car votre talent me paraît tout à fait supérieur. Malheureusement je n'ai même plus à ma disposition la *Revue des Idées nouvelles* qui a disparu depuis un an. J'espère, néanmoins, que je trouverai le moyen d'exprimer sous peu, ici ou là, ce que je pense de vos vers dont l'originalité est manifeste et beaucoup plus grande que me semble le comporter le génie féminin.

« Votre *Complainte du Roulier* est pour moi un chef-d'œuvre que je placerais volontiers à côté de la *Chanson de l'Aiguille* de Thomas Wood. Je me propose de l'apprendre par cœur et de la réciter à l'occasion.

« Vos *Petits Sentiers* sont une page exquise.

« Et combien de sublimes vers d'une inspiration profonde et hautaine renferment vos *Cris dans l'ombre* !

« Et vos rondeaux, votre villanelle, votre virelai, vos chansons, tout cela est à ravir.

« Veuillez agréer, Mademoiselle, de mes sentiments aussi sympathiques que respectueux.

« Edmond THIAUDIÈRE. »

Quelques mois avant la mort d'Amélie Gex, voici la délicieuse confession philosophique que lui envoyait notre félibre :

« 25 mai 1882.

« Mademoiselle,

« Il y a plus d'un an que j'ai quitté la rue Serpente, à Paris, et si l'on me renvoie encore les lettres qui m'y sont adressées on ne se donne plus la peine de me renvoyer les journaux et les brochures. On les garde jusqu'à ce que je vienne les chercher.

« C'est donc par hasard qu'en passant hier, rue Serpente, j'ai trouvé dans mon ancienne maison, parmi beaucoup de journaux et quelques brochures, votre poème : *A une âme sincère*. S'il y a longtemps que vous me l'avez adressé, Mademoiselle, vous avez dû vous étonner que je ne vous eusse point encore écrit, comme c'était mon devoir et comme c'est aussi mon plaisir, pour vous remercier.

« Voilà l'explication et en même temps l'excuse toute naturelle du retard que j'ai mis à vous écrire.

« Et maintenant laissez-moi vous dire, Mademoiselle, combien je suis touché et honoré que vous daigniez m'envoyer vos ouvrages qui sont tenus par moi, d'ailleurs, vous le savez, en une très haute estime.

« Votre dernier poème, que l'Académie de Savoie doit être fière d'avoir couronné, est digne de votre précédent recueil et vous vous y montrez encore deux fois poète et par la profondeur du sentiment et par l'éclat de la virtuosité !

« Je l'ai lu avec une attention respectueuse et émue, car, en raison même de son titre : « A une âme sincère », il me semblait qu'il s'adressait plus particulièrement à moi qui n'ai peut-être d'autre qualité que celle-là, d'être une âme sincère, avant tout.

« Il m'a charmé, il a remué en moi les fibres les plus nobles et les plus délicates du cœur ; mais, oserais-je vous le dire, Mademoiselle, il ne m'a nullement convaincu que nous puissions compter sur une autre vie.

« Oui, c'est précisément parce que je suis une âme aussi sincère que résignée, que j'oserais vous dire cela à vous qui êtes une âme aussi éclairée que sincère et qui, sous votre affirmation, devez avoir de terribles doutes.

« Moi, j'en suis arrivé à la plus calme incroyance et pourtant, veuillez le croire, je m'abstiens de suivre les conseils que vous donnez aux incroyants.

« Je ne brûle pas tout ce que Dante et Shakespeare ont écrit ; je ne me moque pas de « l'amour qu'un regard fait éclore », seulement je le crois très rare et généralement peu durable ; je ne raille pas la nuit paisible et je suis loin de mépriser l'aurore ; je n'ai jamais été méchant, Dieu merci, et je tâche sans cesse de m'améliorer ; je ne suis pas cruel tant s'en faut, car j'ai une tendresse excessive pour tous les êtres qui sont à portée de mes yeux et, au moment où je vous écris, j'ai un chien sur les épaules et un autre sur les genoux, et, quoiqu'ils m'incommodent, j'hésite à les mettre par terre, de peur de les contrister ; jamais je n'eus moins envie d'écraser les petits et quand par hasard je suis obligé de tuer une puce pour me défendre d'elle, j'en ai presque du remords ; je ne me livre pas tout entier à mes lourds appétits qui s'allègent d'ailleurs de plus en plus ; je ne foule pas aux pieds l'idéal qui me paraît être le seul dédommagement que nous ayons à l'abjection de la vie, mais je le porte aux nues, son vrai domaine ; je puis bien crier au fond : « Erreur à

Moïse et mensonge au Calvaire », mais dans la forme j'emploie des termes très courtois et j'ai un sourire aimable sur les lèvres ; je ne ris enfin ni du bien ni du beau... je les adore !

« Et c'est pourquoi, Mademoiselle, sans que je partage vos espoirs magnifiques, mon cœur fait écho aux accents du vôtre.

« Veuillez agréer, Mademoiselle, l'assurance de mon respect, de mon admiration et, si vous le permettez, de mon amitié.

« Edmond THIAUDIÈRE (1) ».

C'est comme, dans une cour d'amour au pays des trouvères, l'envoi et le grand salut, chapeau bas, dans un large et noble geste de révérence.

---

(1) Edmond Thiaudière, nous écrit Mme Landriani, devait composer une étude sur Amélie Gex ; mais son grand âge et la cécité dont il est atteint ne lui ont pas permis d'achever son travail. M. Ed. Thiaudière a aujourd'hui 83 ans.

Amélie GEX

et

Claude-Aimé CONSTANTIN

AMÉLIE GEX

ET

CLAUDE-AIMÉ CONSTANTIN

AVEC M. Aimé Constantin (1), la correspondance
d'Amélie Gex prend un tour plus précis et
plus technique bien que restant amicalement tou-
chante. C'est qu'Aimé Constantin s'efforçait de fixer
les règles de l'orthographe des patois savoyards. A
l'exemple de ce que Roumanille avait fait pour le
provençal, il essayait, pour sa part, de mettre un
peu d'ordre dans le désordre inévitable de l'orthographe phonétique. A ce point de vue Aimé Constantin a rendu des services inappréciables. Il a
publié des *Noëls savoyards*, les œuvres *patoises de
J. Béard*. Il a sauvé le plus qu'il a pu de chansons
populaires en patois. Enfin, son *Dictionnaire Savoyard* (2) est, pour les pays de l'ancien Duché,

(1) Claude-Aimé Constantin naquit à Thônes le 31 août 1831.
Il fit ses études classiques au Collège Chapuisien d'Annecy. De
1850 à 1876, Constantin résida en Russie où il devint précepteur
dans la famille impériale. Revenu à Annecy, il s'adonna avec passion aux études philologiques. Il y mourut en 1889. (Cf. pour la
bibliographie de ses œuvres. *Revue Savoisienne*, année 1900,
p. 139 et suiv.)

(2) A. Constantin et J. Désormaux : *Dictionnaire Savoyard*,
Annecy, 1902 (avec une bibliographie des textes patois et des travaux concernant les parlers savoyards).

l'équivalent de ce qu'est le *Trésor du Félibrige* de Frédéric Mistral, pour les pays de langue d'oc.

Un jour de mai 1888, M. Constantin, croyant que *Dian de la Jeânna* cachait une personnalité masculine, voulut connaître l'auteur de la chanson des *Deux Poulets*. Il écrivit donc à l'imprimerie Ménard à Chambéry, à « Monsieur l'auteur des *Deux Poulets* » :

« Monsieur l'auteur de *Noutro dou Polé*,

« Vous verrez par la brochure que je vous envoie, que je m'occupe et que j'ai l'intention de m'occuper de notre littérature patoise. Je comprends que vous teniez à rester inconnu ; mais vos chansons ne sont pas comme vous. Elles aiment et demandent le grand air. Elles se trouvent à Paris ; elles sont allées s'installer au Trocadéro, sans votre permission. Je vous dirai que vos filles n'y font pas mauvaise figure ; et qu'un de leurs amoureux les y fait passer pour des filles de Béranger, habillées en savoyardes. Gardez l'incognito pour le moment, laissez faire votre réputation par vos filles, mais pour cela il faut que vous fassiez connaître — non pas votre nom — mais l'air, les airs de ces chansons. Rien ne les popularise comme l'air, la musique. Ce n'est pas suffisant de dire sur l'air de *Cadet Roussel* ; il faudrait encore les notes. En outre, si j'osais vous donner un conseil, je vous dirais que vous feriez bien de choisir nos vieux airs au lieu des airs français.

« En attendant d'avoir un jour le plaisir de causer de tout cela avec vous, je viens m'adresser à
vous pour que vous ayez la bonté de me faire parvenir vos chansons, car je n'ai que *Noutro dou
Polets* et *Le bon Dio est preu conteint*. J'ai l'intention de donner une conférence sur nos poètes
savoyards et notre patois, à St-Jean-de-Maurienne,
au mois d'août, lors de la Réunion du Congrès des
Sociétés savantes de la Savoie, et naturellement vos
filles doivent y être. J'avais l'intention de faire paraître au commencement d'août la 2e livraison de la
Muse Savoisienne, qui aurait compris deux de nos
meilleures chansons d'autrefois, avec musique et
notes littéraires et philologiques. Tout bien pensé,
je préférerais deux pièces modernes, l'une de vous si
vous m'y autorisez, et l'autre de Fr. Agnellet. Je
vous prierai par conséquent de me répondre dans
le courant de ce mois... »

« Votre très humble,

« A. CONSTANTIN.

« Aux Marquisats, près Annecy. »

Cette lettre du 2 mai 1888 reçut la réponse suivante d'Amélie Gex qui acceptait avec enthousiasme les conseils et les éloges d'un patoisant aussi
réputé :

« Monsieur,

« Vous comprendrez certainement, en voyant la
signature de cette lettre, quelle est la principale

raison de l'incognito que je désire garder à l'égard des chansons patoises que j'ai écrites. Vous savez qu'il est des hardiesses que l'on ne pardonne pas à une femme même après le succès. C'est pourquoi, Monsieur, je continuerai à signer comme par le passé « *Dian de la Jeânna* ».

« Votre lettre si gracieuse et si bienveillante pour moi m'a fait à la fois du plaisir et du bien. J'ai compris que ce qui n'avait été de ma part au premier abord qu'une boutade artistique pouvait se changer en une œuvre patriotique et profitable si je pouvais pour me guider des conseils et des encouragements comme ceux que vous voulez bien me donner.

« Je vous l'ai dit, Monsieur, mes chansons sont filles de la fantaisie, et sans les liens de parenté qui m'attachent à Monsieur Charles Burdin (nous sommes enfants de deux sœurs), je n'eusse trouvé ni l'occasion ni la facilité de les produire en public.

« Je les ai écrites sans connaître aucune des règles du patois, ne soupçonnant même pas que l'on se fût occupé d'en fixer la prononciation ; mais en cela, comme en toutes choses, le travail amène un besoin d'investigation et j'allais m'enquérir de savoir si rien n'avait encore été publié sur ce sujet quand votre brochure m'est parvenue. Vous voyez Monsieur, qu'elle a été doublement la bienvenue pour moi. »

Cette lettre constitua pour M. Constantin une révélation, car il ignorait que *Dian de la Jeânna* fût Amélie Gex et il le lui écrivit aussitôt :

« Mademoiselle,

« Je vous remercie infiniment du plaisir que vous m'avez procuré en vous révélant. Quelle agréable surprise de rencontrer dans l'auteur de *Noutro dou Polets* celui que j'ai défendu avec ténacité devant le jury de poésies pour sa *Veille des Morts*. Dans le *Rapport* on ne l'a pas mentionnée, quoiqu'en Comité il ait été arrêté que le rapporteur en lirait une partie. Il est vrai qu'il l'a passée sous silence, dans la séance publique du 30 avril, parce qu'il n'était pas en voix et qu'il.... Nous en parlerons au long quand j'aurai le plaisir de vous voir, ce qui ne tardera pas.

« Aujourd'hui, je me bornerai à vous exprimer le plaisir indicible que votre lettre m'a causé, et la joie de voir une compatriote posséder un si beau talent musico-poétique, chose excessivement rare en France.

« A la sortie de la séance du 30 avril, j'ai remis la *Veille des Morts* à M. Ritz, musicien émérite, pour qu'il composât un air splendide, qui en fasse bien ressortir les beautés et l'originalité. Je lui ai dit : « Puisqu'on ne sait pas le lire, il faut qu'on le chante. Je me charge d'avoir l'assentiment de l'auteur. » J'espère, Mademoiselle, que vous ne me démentirez pas et que M. Ritz trouvera une musique délicieuse...

« Dans l'attente de vos nouvelles, je me dis avec plaisir et en toute sincérité tout à votre disposition.   « Votre tout dévoué serviteur.

« *P. S.* — Votre incognito sera naturellement respecté tant que vous ne jugerez pas à propos de le lever.

« Vous avez dû rire de me voir parler de vos filles que j'ai envoyées à l'Exposition. J'ai fait représenter notre littérature patoise par 14 brochures et volumes, dans la section de linguistique... »

On ne pouvait pas être plus confraternellement dévoué ! Amélie Gex envoie désormais toutes les pièces de vers qu'elle publie à M. Constantin qui s'instaure critique amical aussi bien que zélé propagandiste de la gloire du poète. Quelquefois ce rôle lui vaut des aventures. Témoin celle qu'il conte dans la lettre suivante :

« J'ai lu, à la dernière séance de la Société Florimontane, à titre d'un petit chef-d'œuvre littéraire, votre chanson des *Deux Poulets*. Imaginez-vous que quelques membres du parti clérical ont aussitôt poussé les hauts cris ! C'est incroyable ce qu'ils ont vu dans cette pièce ; l'un voit que *sânia per on chanoêne* veut dire *saigné par...*, ce qui naturellement serait trop fort (quoique ce soit l'exacte vérité) ; un autre voit dans *sânia* une allusion à ce que les rouges feraient volontiers aux chanoines ! De là, des avertissements déguisés pour que la chanson ne paraisse pas dans la Revue. Voilà bien les hommes qui n'ont qu'une corde à leur arc : la passion ! Comme il faut cependant compter avec eux, pour ne pas avoir de conflit, il faudra nous entendre pour modifier quelques passages, non pas des *Deux Poulets* qui sont irréprochables, mais d'autres chansons dont je voulais déjà, sans cela, vous parler au point de vue littéraire. »

Cette chanson des *Deux Poulets*, qui avait provoqué un scandale à la Société Florimontane, valut d'ailleurs à Amélie Gex pendant longtemps l'hostilité sourde du *Courrier des Alpes*, organe officiel en Savoie du parti des « blancs ». Elle se manifesta en particulier lors de l'apparition du *Long de l'An*. Le *Courrier* organisa la conspiration du silence. Notre poète fut très sensible à cette bouderie, et il en fit la confidence à M. Constantin :

« Monsieur,

« Vous avez eu la bonté, malgré mon silence, de vous souvenir de moi et de m'envoyer le programme du 2e Congrès des Sociétés savantes de Savoie. Je viens vous en remercier bien cordialement et m'excuser d'un oubli qui, croyez-le, Monsieur, n'est qu'apparent et point du tout volontaire.

« Ma santé toujours plus mauvaise, le peu d'intérêt des communications que j'aurais pu vous faire et surtout les lenteurs inouïes de mon éditeur m'ont fait remettre journellement un devoir tout à fait agréable pour moi.

« Vous verrez, Monsieur, d'après l'envoi que je joins à cette lettre, que je continue à m'occuper du patois. Les pièces que vous lirez ont toutes été composées cet hiver au coin du feu dans un moment où mes souffrances étaient les plus vives et les plus pénibles à supporter : rien ne m'amuse et ne me distrait plus que ces sortes de compositions. Depuis lors, j'ai dû sur la demande de quelques personnes du pays prendre momentanément la direction du petit journal le *Père André*, dont je vous envoie la collection. C'est une tentative de relèvement moral bien urgente pour nos campagnes, mais qui est destinée à échouer comme tout ce qui ne s'adresse pas directement à l'intérêt matériel ou aux passions politiques du moment. Patience ! Plus que tout autre, Monsieur, vous comprendrez que je me console d'un insuccès en pensant qu'il faut que certaines choses soient dites, dussent-elles être criées dans un désert.

« Vous trouverez quelques modifications à l'orthographe des chansons et des fables. Je vous prie d'examiner à ce sujet la note que je vous envoie sur la prononciation du dialecte savoisien dans l'arrondissement de Chambéry et d'avoir la bonté de m'en dire votre avis. Comme vous le verrez, ce n'est là qu'une représentation très exacte des sons que je crois très bonne à conserver pour l'époque très prochaine où nos paysans eux-mêmes ne se souviendront plus de leur idiome.

« Peu de personnes m'ont fait l'honneur de s'occuper du *Long de l'An* malgré les lettres flatteuses de plusieurs académiciens et journalistes de Savoie. Notre Académie n'a point daigné en parler officiellement et le *Courrier des Alpes* a même reçu à cet égard un avis de garder le silence qui doit provenir d'une rancune canonicale à propos des *Deux Poulets.*

« Je viens de faire tirer en tout petit fascicule à 30 cent. les dernières chansons publiées par le *Père André* sous ce titre : *Reclans de Savoué* (Echos de Savoie). Elles seront, en rectifiant les incorrections nombreuses d'impression que vous remarquiez dans ce journal, cette semaine en librairie. J'espère, je pense en faire autant pour les fables et à ce propos, Monsieur, je voudrais vous prier de m'autoriser à vous les dédier comme un bien faible mais bien sincère témoignage de ma reconnaissance. »

Les lettres de M. Constantin sont intéressantes encore au point de vue des discussions philologiques qu'il avait mises à l'ordre du jour des Sociétés savantes de Savoie vers 1880. A ce titre elles sont documentaires. Elles nous disent aussi les difficultés que rencontra notre poète dans l'expression en patois de sa pensée et quel collaborateur averti Amélie Gex rencontra en Constantin.

« Je vous félicite d'être pour le moment débarrassée des soucis et des contrariétés que vous avez rencontrés pour l'impression de votre ouvrage, car corriger des épreuves est un travail très pénible, quand on n'en a pas l'habitude ; mais dans le cas présent ça devait être un supplice. Les dernières feuilles sont, comme vous le dites, beaucoup mieux imprimées que les premières, mais il y a encore beaucoup à reprendre. J'ai vu à l'Exposition

(Section anthropologique) plusieurs spécimens des patois français : les uns suivent le procédé étymologique, la plupart le procédé phonétique. Je vous avoue que le procédé étymologique offre tant de difficultés pour l'étude des patois français, qu'il est probable que l'Exposition actuelle amènera sous peu cette question sur le tapis, et qu'on adoptera un alphabet uniforme pour tous les patois français et qu'on se servira du procédé phonétique... »

Le 20 août 1878, l'infatigable correcteur écrit :

« Ne vous effrayez pas des ratures et corrections que je vous envoie. Il est probable que beaucoup d'entre elles ne valent rien, parce que je ne connais pas la prononciation de Chambéry, première difficulté, et que. d'un autre côté, je n'ai pas de principes arrêtés sur l'orthographe du système étymologique que vous suivez, de votre mieux, mais qu'après de minutieuses recherches j'ai dû rejeter, il y a une année. Je laisse beaucoup de fautes (*fautes* au point de vue étymologique), parce qu'il me faudrait avoir plus de temps et de loisir pour arrêter des principes. Par exemple, je conserve votre orthographe concernant le pluriel des adjectifs et des substantifs.

« Je crois que vous pourriez toujours faire l'accord (si la prononciation le permet dans votre dialecte). Quant aux exigences des vers, je les éluderais de la manière suivante. »

« Voici des exemples tirés de votre ouvrage :

Page 6.　　*Los* grand pobl' ont la grevoula
　　　　　Et le cîs' ont de frezo

Page 16. *Los* Anglais trafoulant le mers
          Los Russ' ont brulà le grand'velles
          Ice plus nion que nos-z-harcelle,
          Chu l'auberge ou sante le belles.

Page 11. Que de violettes,
          Que de pipettes,
          On va piller.
          Que de novelles
          Le-z-hirondelles
          Vont no baillé !

« Plus je lis vos épreuves, plus je me souviens des difficultés que j'ai rencontrées l'année passée. Nul n'est tenu à la perfection, mais il faut tâcher d'en approcher. Je suis toujours à vos ordres et toujours prêt à vous soumettre mes idées (dont vous ferez ce qu'il vous semblera bon), mais je crains que vous ne soyez par trop tourmentée et fatiguée par la correction de vos épreuves. »

A. Constantin avait même promis à Amélie Gex un travail complet fixant les règles de la prononciation de ses poésies patoises. Voici une lettre de rappel à ce sujet :

« Monsieur,

« J'ai beaucoup regretté que les circonstances m'aient empêché de vous voir de nouveau mercredi à votre passage à Chambéry où je suis encore par suite des interminables longueurs de mon imprimeur et aussi de quelques autres affaires arrivées à l'improviste au moment de mon départ. Je commence assez désagréablement l'apprentissage d'au-

teur. J'espère cependant que toutes ces contrariétés ne sont pas l'augure d'un échec. C'est au
reste pour le conjurer que je viens vous prier, Monsieur, d'être assez bon pour vouloir bien mettre à
exécution la promesse que vous me fîtes l'autre
jour de m'envoyer une note explicative sur la prononciation patoise de mes chansons. Je joins à
cette lettre quelques épreuves que j'ai reçues hier ;
il m'en reste à recevoir encore qui ne sont pas
composées et que vous connaissez déjà.

« J'ai pensé, Monsieur, qu'avec ce qui est entre
vos mains vous pourriez établir les notes philologiques qui seront mises à la fin du fascicule et qui
en rendront la lecture plus facile à ceux qui sont
étrangers à notre patois.

« Si vos occupations vous permettaient de faire
de suite ce travail, je vous prierai de le renvoyer
dans la huitaine à M. Ménard, imprimeur à Chambéry.

« C'est parce que vous m'avez donné une grande
idée de votre indulgente bonté que j'ose vous adresser cette prière, Monsieur, et que j'espère aussi être
pardonnée de mon indiscrétion. »

Malheureusement pour nous, M. Constantin ne
put pas réussir à établir ces règles de la prononciation patoise des poésies d'Amélie Gex et voici les
raisons qu'il lui donna :

« Comme je ne connais pas assez la prononciation du patois de Chambéry, et que je vois que vous
représentez de différentes manières des sons que
j'ai cru identiques, il me sera difficile de remplir la

promesse que je vous avais faite de formuler des règles de prononciation, comme celles qui sont en tête de la chanson des *Ni' apoé...* »

Pour l'orthographe des patois de Savoie, M. Constantin avait trouvé un système intermédiaire entre le système phonétique et le système étymologique. De sa tentative il fit part à Amélie Gex qui venait de lui demander l'autorisation de lui dédier ses « fables » :

« Je vous remercie beaucoup de l'honneur que vous me proposez de me dédier vos fables. J'y suis très sensible et je l'accepte de grand cœur. Votre cause est aussi la mienne ; nous avons été poussés tous les deux à la même époque dans une direction nouvelle, pour nous entr'aider mutuellement dans l'œuvre commune et nous compléter l'un et l'autre. Je crois être parvenu à concilier les deux éléments qui semblaient s'exclure : l'étymologie et la phonétique. J'ai présenté à notre Société un nouveau travail, mais je ne vois qu'on s'en occupe beaucoup. Cette fois-ci, je ne pense pas me soumettre aux avis et aux arrêts de la Commission nommée ; j'accepterai volontiers des choses de détail, mais sur d'autres points je suis cette fois décidé à ne pas céder. »

Cependant des polémiques s'élèvent. Certains prétendent que l'orthographe du patois adoptée par Amélie Gex est purement arbitraire. Heureusement M. Constantin veille et se propose comme champion :

« *Les Alpes* avaient annoncé qu'elles rendraient compte de votre *Le long de l'An*, j'ai attendu vainement... J'avais l'intention de voir d'abord ce qu'elles diraient, et, si elles avaient porté des jugements, à la façon du Docteur Dumas, sur l'orthographe (car c'est la seule chose sur laquelle on puisse trouver quelque chose à redire), j'étais bien décidé à répondre et à montrer l'insanité de ses idées. Dans l'*Union Savoisienne*, un abbé devait aussi s'occuper, m'a-t-on dit, du *Long de l'An* pour en attaquer l'orthographe et celle que j'ai donné dans *Los K'apoé*. Le *Petit Savoisien*, qui donne des *Lettres patoises*, et qui a aussi son orthographe à lui, est venu plusieurs fois à la charge pour me faire entrer en lice, connaître ma manière de voir et me faire ensuite attaquer par l'*Union Savoisienne :* mais ils n'ont, ces bons abbés, pas osé aller plus loin et n'ont pas parlé du *Long de l'An*... Ils ont cherché à avoir un alphabet à eux, mais il m'est revenu qu'ils ont trouvé la chose plus difficile qu'ils ne se l'imaginaient... »

Cette lettre se termine sur cet éloge : « *Le For qui vire, Le Corbd et le Renard, Le Secret de la Liauda*, sont de vrais chefs-d'œuvres. »

M. Constantin, qui avait fait mettre en musique par M. Jean Ritz, d'Annecy, la « Chanson de los Ecou », ainsi que la « Veille des Morts », s'intéressa aussi au premier volume de « Poésies » françaises d'Amélie Gex... Le 29 décembre 1879 il lui écrivit :

« Je vous fais mes compliments sur votre délicieux volume de poésies françaises. Je lui désire le
succès qu'il mérite. J'en enverrai un exemplaire à
M. Durand, mari de Mme Henry Gréville pour qu'il
en rende compte dans le *Journal* (français) *de
Saint-Pétersbourg.* »

Néanmoins M. Constantin ne se laisse pas aveugler
par l'amitié. Il veille aux fautes scrupuleusement.

« Je vous écris à la hâte pour savoir si vous avez
déjà placé votre livre chez les libraires et s'il n'y
aurait pas moyen de refaire trois passages.

« Voici de quoi il s'agit : Votre *Opéra dans le
buisson* est délicieux, trop beau et trop hardi pour
que les classiques Académiciens le comprennent.
Je m'attends donc à ce qu'il sera critiqué par le
Courrier, et il est un passage qui, corrigé, serait
d'une beauté ravissante ; c'est la *musique* du *Pré-
lude* page 84.

> Do... do... do,
> Fa, sol, si, ré !
> Je chanterai,
> Do, ré, mi, sol
> En si bémol
> Chansons si belles.

« C'est le rossignol qui parle et qui chante. Un rossignol chantant en si bémol, c'est une idée aussi
gracieuse que nouvelle ; le plus beau, c'est que ces
mots en si bémol sont mis dans sa bouche. Rien
qu'en le lisant des yeux, on se sent comme en-

traîné à chanter soi-même et, dès le 6e vers, on ne lit plus, on chante :

> Chansons si belles
> Refrains si doux
> Que les hiboux
> Sol, fa, ré, do.

« Vous avez fait là une chose unique en son genre. Que la poésie élève l'âme, qu'elle lui fasse un instant oublier la terre pour se lancer dans les sphères de l'idéal, c'est chose connue : mais qu'elle fasse trouver une voix qui chante à celui qui n'en a pas, c'est un nouveau champ qu'elle ouvre et découvre. Mais, il y a un *mais* : le 4e vers (*do, ré, mi, sol*) malheureusement n'est pas en si *bémol*, et toute la musique qui suit non plus. Elle est en *ul mineur*. Il y a donc une discordance dans votre petit opéra, discordance qu'il serait facile de faire disparaître, si le livre n'était pas imprimé, et si vous étiez bien portante. Malgré les difficultés matérielles que je prévois, cette correction serait bonne. J'en ai parlé à M. Ritz qui pense, comme musicien, que la correction serait heureuse. Nous y avons travaillé un instant, dimanche, mais sans trouver une solution satisfaisante. Si vous croyez que la correction en vaille la peine, nous nous y remettrons et vous soumettrons la musique en *si bémol* (1). »

Cette collaboration créa entre Amélie Gex et

---

(1) M. Landriani de Florence a mis en musique 5 pièces de vers d'Amélie Gex : *La Veille des Morts, La Danse de la Marmotte, A la dérive, Chant Malais, La Complainte du Roulier.*

M. Constantin de solides liens d'amitié. Malgré son mauvais état de santé, Amélie, ayant terminé une saison thermale à Aix-les-Bains, se rendit aux Marquisats afin de conférer longuement avec le philologue annécien, auquel nous devons un *Dictionnaire des Patois savoyards*. Cette amitié ne se démentit jamais. Les dernières lettres de M. Constantin sont pour dire sa joie des succès de son poète (1) :

« J'ai lu avec beaucoup de plaisir votre compte rendu de la séance publique de l'Académie de Savoie, et c'est avec bonheur que j'ai appris le nom de l'heureux vainqueur du concours. Je vous en félicite de tout mon cœur et j'espère que vos succès ne s'en tiendront pas là. J'ai l'intention de lire quelques pièces de vers du *Poème de l'Année* à un cours de lectures que je vais faire pendant le carême. Si vous pensez que MM. les Académiciens de Chambéry n'aient aucune objection à faire contre la lecture publique de la pièce qu'ils viennent de couronner, je le ferai avec empressement ; sinon je remettrai cette lecture à l'année prochaine. Si vous la faites paraître dans un journal, je crois que vous en avez le droit maintenant que le jury s'est prononcé, faites-en un tirage à part au plus tôt et envoyez-en quelques exemplaires à Mme veuve Hoste, libraire. Alors j'en ferai la lecture. »

Un mois après (2), des extraits du poème ayant

(1) 3 mars 1882.
(2) 25 mars 1882.

paru dans la presse de Savoie, M. Constantin en donne lecture publique à Annecy :

« Je vous remercie de m'avoir envoyé votre poème, qui a été couronné avec raison et justice. Je n'ai pu attendre, pour en faire la lecture, qu'il fût imprimé ; l'Inspecteur d'Académie. l'ayant lu en partie dans le *Courrier des Alpes*, me demanda instamment de le lire à ma première leçon ; ne pouvant lui dire pourquoi j'avais inscrit votre pièce pour la dernière leçon, je dus condescendre à son désir. Le commencement a été fort apprécié, la fin a été mal lue ; si j'avais pensé qu'il y a six ans que je ne donne pas de leçons et que ma voix, comme ma santé, a baissé, j'aurais écourté la pièce en renvoyant mes auditeurs à la lecture des parties supprimées, mais je n'y ai pas pensé. »

Scrupules touchants qui nous montrent combien était profond en Savoie le culte de la poésie au sortir de la période romantique ! (1).

(1) Quand parurent en volume les contes d'Amélie Gex, M. Constantin leur consacra dans la *Revue Savoisienne* de 1885 l'article suivant :

« Comme un météore, elle apparut ; comme un météore, elle disparut de notre horizon, cette fille des Muses qui souleva un jour tant de colère et tant d'admiration. Humble comme une violette, craintive comme une sensitive, longtemps elle resta cachée et ignorée, cultivant en secret la poésie pour épancher le trop-plein de ses sentiments. Toujours repliée sur elle-même, cherchant à sonder les grands mystères de l'existence humaine ; toujours penchée sur la nature, cherchant à en saisir les voix, à en surprendre les secrets, elle rapporta de ce commerce avec le monde des idées, des trésors de poésie qu'elle rendit avec une grâce inimitable, comme aucune femme poète ne l'a fait jusqu'à nos jours. *Depuis sa mort (juin 1883) le silence s'est fait autour de son nom, mais le jour viendra — et il est déjà venu — où son nom brillera au milieu de nos plus grands écrivains.* »

Autres Correspondants :

Prosper *MARIUS.*

Mme la Comtesse de *FAVERGES.*

Antony *DESSAIX.*

Lettre à un Spirite.

PROSPER MARIUS

TANDIS que X. de Ricard et Auguste Fourès répandaient la renommée de *Dian de la Jeânna*, trouvère de Savoie, Prosper Marius faisait connaître Amélie Gex à Marseille et à Nice où la *Vie mondaine* et le *Monde élégant* reproduisaient, en 1880 un *Opéra dans le buisson* et *Chant d'avril*. L'initiative de cette publicité était l'œuvre de Prosper Marius, ainsi que l'atteste une lettre de Charles Burdin.

Qu'était Prosper Marius ? Lui-même avait l'habitude de se présenter sous le triple vocable « d'ancien tambour de zouave, poète et voyageur en fil ! » Poète, il était l'ami de Charles Monselet, de Paul Arène et d'un monde de rapins qui tinrent à honneur d'illustrer son volume des *Ronces et Gratteculs* (1).

Au cours de ses tournées de commis-voyageur de la marque « le fil au Chinois », Prosper Marius aimait à séjourner à Chambéry auprès de son ami Burdin qu'il avait connu au temps où ce dernier fréquentait la bohème parisienne du quartier latin.

(1) Paris, J. Lemonnyer, lib.-édit., 53 bis, quai des Grands-Augustins, 1884 ; 1 préface de Charles Monselet.

Prosper Marius était devenu presque célèbre à
Chambéry parmi les habitués du Café du Théâtre.
Il avait essayé d'étonner les Chambériens par ses
récits à la Tartarin... Mais ces récits de pêche ou de
chasse étaient toujours accueillis de façon hilare...
Prosper Marius pardonnait. parce que les amis
de son ami Burdin savaient boire et manger... Il pri-
sait fort la cuisine savoyarde et sa reconnaissance
s'étendit jusqu'à la cousine de son ami Charles dont
il appréciait fort le talent au point d'en vouloir
étonner les Marseillais et les Niçois... Néanmoins,
Prosper Marius était sincère et c'est une citation
d'Amélie Gex (1) qui ouvre son recueil des *Ronces
et Gratte-culs* !

(1) Cette pièce de vers a pour titre : *Les Etapes de l'Amour.* En
exergue elle porte : « *L'amour rêva l'azur, l'orgueil inventa l'ombre.* »
Amélie Gex.

Cette pièce est d'ailleurs peut-être la plus mauvais de ce recueil
qui en contient d'excellentes.

Mme LA COMTESSE DE FAVERGES

Avec la Comtesse de Faverges, c'est la réputation d'Amélie Gex allant jusqu'en Piémont où se fondait en 1882 la Revue *Science et Ar* :

« Chère Mademoiselle,

« Vous venez de m'adresser un petit opuscule dont je vous remercie bien de cœur, car je suis pénétrée de tout ce qu'il renferme de beauté et de poésie. Vous savez que j'aime beaucoup votre talent, j'y trouve une fraîcheur de pensée et de forme qui me le rend toujours d'un plaisir nouveau et je ne me lasse pas de vous relire et de vous citer ; ce que vous venez de m'envoyer renferme ce même caractère de fraîcheur avec une pensée aussi forte que la divinité qu'elle proclame, ce qui est une alliance rare et à mon avis admirable.

« Vous me permettrez bien de parler de l'apparition de ce poème dans la prochaine chronique de *Science et Art.*

« Vous êtes fort appréciée des lecteurs de cette revue ; je suis parfois à même de remarquer combien votre talent y est compris. Un auteur français, fort difficile dans ses jugements, vient de m'écrire, à propos de la *Fleur du temple* donné dans un des derniers numéros, que c'est une poésie parfaite. J'ai plaisir à vous le répéter, car il ne se gêne pas pour critiquer ce qui ne lui plaît pas... (1). »

Le 1er avril 1882, la Revue *Science et Art* rendait compte d'un poème d'Amélie Gex en ces termes :

« Dès le début de notre Revue, nos lecteurs ont pu apprécier le talent poétique de Mlle Amélie Gex, dont nous aimons à produire les créations si variées, tantôt gracieuses et accortes comme la fleur des champs qu'elle aime tant à peindre, tantôt pleines d'une sensibilité qui vous émeut. Elle vient de faire paraître un poème digne de son talent, quoique de genre nouveau, sous le titre : *A une âme sincère.* Elle chante sous des rythmes divers la foi en Dieu et l'immortalité de la tombe. C'est, à mon avis, admirablement beau ; la grandeur de la pensée, sa sublimité même, restent unies à ce tour plein de fraîcheur et de sensibilité, don de la muse poétique du jeune auteur. Ce poème, du reste, vient d'être couronné par l'Académie de Savoie. Nous nous ferons un plaisir, chers lecteurs, de vous en donner le premier chant dans notre prochain numéro. »

Et la Revue le *Midi Littéraire* (2), faisant écho à la pensée de Mme la Comtesse de Faverges, disait que ce poème : *A une âme sincère* classait Amélie Gex entre Mme Tastu et Desbordes-Valmore. Cette appréciation ne manque point à nos yeux de vérité.

(1) 22 mars 1882.
(2) 27 avril 1882.

ANTONY DESSAIX [1]

C'ÉTAIT un Chambérien d'humeur morose, vivant d'une vie retirée de bureaucrate ponctuel, mais flâneur. Il s'adonnait à la conservation des archives communales et hospitalières dans une des divisions de la Préfecture. Il devait cette sinécure à l'illustration impériale du nom qu'il portait.

Le 5 juin 1848, après la lecture des pièces : *Novembre* et *Matin* publiées dans le *Patriote*, il avait rimé en faveur du nouveau poète des vers de circonstance pour saluer sa gloire naissante. Comme c'était un timide, il n'avait pas osé les envoyer et avait usé d'un subterfuge innocent en les mettant en post-scriptum au bas d'une pièce de vers que son

[1] *Les Baigneuses*, poésies, 1863.
Le Général de Boigne, fantaisie en vers, 1872.
Chambéry dans le désert au 15 août 1876, Revue Guignol.
Les Académiciens de Savoie, portraits à la plume.
Artistes et Amateurs, portraits à la plume.
Antony Dessaix était le petit-neveu du général Dessaix qui fut gouverneur de Berlin sous le premier Empire.

ami intime le Docteur Bazin (1) adressait à Amélie
Gex.

Oui, l'admiration produit ses phénomènes,
    C'est comme un vague sentiment
Indéfini, confus, qui cherche un truchement,
    Une manière de problème...
    Dont on vient à bout en rimant.

Tous deux amis des vers, nous avons lu les vôtres,
    Ceux qui, par un bienfait des cieux
(Ou du *Patriote*) ont passé sous nos quatre yeux,
    Ils nous ont fait rougir des nôtres...
En fait de succès, vrai, je ne sais rien de mieux.

    Après attentive lecture,
    Le sentiment en question
De l'âme de chacun a pris possession,
Et chacun se défend, selon qu'est sa nature,
    Contre semblable obsession.

    L'un vous décoche un dithyrambe,
    Et l'autre un bouquet à Chloris ;
    La premier a son vers qui flambe,
Maître du spondée, il l'est aussi de l'iambe,
    Moi, comme je pense j'écris.

Quand au pied de l'autel un prélat officie,
    L'enfant de chœur fait les répons ;
Nous faisons à nous deux même cérémonie,
Basin tient l'encensoir qu'aisément il manie,
    Et moi, j'attise les charbons.

(1) L'exemple du Docteur Bazin montre combien dans le milieu
de la bourgeoisie chambérienne, les lettres étaient en honneur.
Rimeur agréable, le Docteur Bazin vécut à Chambéry de 1839 à
1904.

Puis tous les deux ensemble, en face de l'idole,
   Nous venons fléchir les genoux.
    Ici pas la moindre hyperbole,
Nous tenons à signer notre double parole :
Un bijou c'est *Novembre* et l'*idole c'est vous.*

C'était — hardiesse insensée d'un timide — une déclaration... Mais nous n'étions pas à Toulouse, pays des hyperboles et des cours d'amour ! Amélie Gex semble avoir été interloquée... Quand l'imprimeur Ménard lui signala quelques trois mois après Antony Dessaix comme pouvant, bien que bonapartiste, lui faire un compte rendu sympathique, dans le journal *La Savoie,* elle se drapa dans sa dignité républicaine et n'envoya pas d'exemplaire d'auteur.

En 1882, quand le succès du poème *A une âme sincère* s'affirma, Antony Dessaix récidiva... Cette fois, c'était un sonnet.

La Revanche de la Foi

La foi meurt, dit un faux prophète,
Le doute même se croit roi,
A ce cri que Byron répète
Le monde est consterné d'effroi.

Le doute a son siège en la tête
Et dans le cœur il vous fait froid.
Peut-être a-t-il fait un poète
Mais combien en a fait la foi !

Oui, la foi fait un mauvais rêve,
Mais, tant que montera la sève,
Qui produit la feuille et la fleur,

> La foi vaincra. Quel est l'impie
> Qui ne croirait, douce Amélie,
> Au moins en votre noble cœur ?
>
> Les Charmettes, 19 mars 1882.

Cette fois, Amélie Gex répondit par une lettre aimable... Ce fut tout... Antony Dessaix, qui avait souvenance de son premier envoi poétique resté sans réponse, voulut absolument se faire pardonner par « l'idole » et lui écrivit en vulgaire prose une lettre qui est adorable (1) :

« Eh bien, Mademoiselle, votre toute charmante lettre m'a causé une profonde déception. En voilà une à laquelle vous ne vous attendiez pas...

« En effet, je l'ai lue et relue dans l'espérance d'y trouver une ligne qu'il eût été si facile d'y mettre, et mes recherches ont été vaines. Autant serait-il si je fouillais mes archives départementales pour y trouver quelques traces des travaux de J.-J. Rousseau autour de notre cadastre, auquel il assure avoir travaillé (2).

« Après m'avoir exposé votre profession sociale de recluse, qui donc a pu empêcher votre plume d'ajouter : Supposez, Monsieur, que je sois une montagne. Dès que cette montagne a des raisons suffisantes de ne pas aller à vous, soyez assez aimable pour aller à elle. Mais non, vous ne prenez pas la peine de m'encourager à gagner les indulgences attachées à la visite des malades et des prisonniers.

(1) 20 mars 1882.
(2) Cf. *J.-J. Rousseau en Savoie*, 1 vol., Chambéry, Dardel. édit., 1922.

« Mais moi qui tiens à faire provision d'œuvres méritoires, surtout quand il ne m'en coûte guère, je me garderais bien de manquer l'occasion d'augmenter mon pécule.

« Je viens donc vous prier, Mademoiselle, de m'autoriser à vous aller présenter mes hommages, et je m'empresserai d'utiliser cette autorisation au premier moment. Je mettrai pour la circonstance mon meilleur paletot...

« En attendant, et pour dissiper dans votre esprit les effets un peu désolants du sonnet, dont vous m'avez cependant remercié avec tant de grâces, je me permets ou plutôt je me fais un devoir de vous envoyer la contre-partie. Mais vous voudrez bien ne voir dans mon importunité de sonnettiste que l'intention parfaitement arrêtée de vous être agréable.

« Agréez, Mademoiselle, l'expression de mes meilleurs sentiments.

« Antony Dessaix. »

Gagna-t-il les indulgences méritoires ? Oui, comme nous l'apprend cette réponse d'Amélie Gex :

A Monsieur Antony Dessaix, en réponse à la sienne du 20 mars 1882.

« Monsieur,

« Il paraît que notre correspondance est destinée à nous procurer de mutuelles déceptions, ce que pour ma part je déplore à tous les points de vue.

« En effet, j'avais cru jusqu'ici avoir quelque teinture d'histoire, juste assez pour ne pas commettre de trop grosses erreurs, et voilà que vous me mettez martel en tête à propos de ce vieux conte de la montagne qui ne se dérange pas (et.... pour cause) pour épargner la moitié du chemin à ses visiteurs.

« Je croyais que la rencontre si peu fortuite de Mahomet avec la montagne était due toute entière à l'initiative du fameux prophète et que, tout en étant très flatté de la démarche, le vieux mont s'était contenté de l'attendre !

« Pardonnez-moi, Monsieur, de plaisanter ainsi et de ne pas vous dire tout de suite que je serai heureuse de vous serrer la main et de causer quelques instants avec vous, lorsque vos occupations vous le permettront.

« Pour moi, je vous l'ai dit, je sors une ou deux fois par semaine lorsque ma mauvaise santé me le permet ; c'est donc dire, Monsieur, que je compte bien me trouver à la maison le jour où vous me ferez le plaisir de venir gagner vos sept ans et sept quarantaines d'indulgences.

« Le 21 mars 1882. »

Mais cette amitié fut brève... Antony Dessaix, en apprenant la mort d'Amélie Gex rima des stances qui ne sont point sans émotion :

> Oh ! tu nous as quittés, bien vite,
> Femme dont le rare mérite
> Nous promettait tant de trésors,
> Et l'humanité que ta lyre
> Savait charmer, savait instruire,
> En vain te redemande aux morts.

Mais dans le ciel où tu t'élèves
On ne fait plus de tristes rêves,
Tout est joie auprès du soleil ;
Et dans ce séjour de délices
Rien n'altère l'or des calices,
Le bonheur aime le sommeil.

Ta voix chantera les grands psalmes,
Et tu vas cueillir d'autres palmes
Que celles qui parent ton front ;
Mais les échos de nos montagnes,
De nos bois et de nos campagnes
Longtemps, hélas, te pleureront.

Ainsi finit dans la lumière de *Béatrix* le rêve
fugace du poète Antony Dessaix...

LETTRE A UN SPIRITE

En mai 1882, Amélie Gex, accablée de plus en plus par les rhumatismes et désespérant de la science humaine, écrivit à M. Leymarie (11 mai) cette lettre émouvante où, tout en confessant sa foi spirite (1), elle lui demande un *medium guérisseur* :

« Monsieur,

« Un heureux hasard m'a fait connaître votre Revue il y a tantôt deux ans et depuis lors je suis votre abonnée ; jusque là je m'étais contentée de garder ma foi, sans espoir de la savoir partagée par tant d'âmes d'élite. Voulez-vous permettre à une sœur en croyance de vous apporter sa modeste part, comme témoignage de bonne volonté pour l'œuvre à laquelle vous vous êtes dévoué avec tant d'abnégation d'abord, tant de généreux élan ensuite. Un mot d'explications sommaires vous

(1) Lire un très curieux article sur *Victor Hugo spirite* (dans *Revue des Deux-Mondes*, 1922).

fera comprendre ce que sont les œuvres que je me permets de vous offrir.

« En 1885, alors que nous vint d'Amérique ce que l'on nomme encore dans le grand public : la manie des tables tournantes, j'étais une jeune fille presque sans instruction, triste, souffrante, abandonnée, vivant d'une vie exceptionnellement malheureuse et surtout privée de toute aide morale ou simplement affectueuse.

« Le bruit de la nouvelle découverte arriva jusque dans ma solitude. Un instinct secret me fit essayer à moi seule d'obtenir des résultats que d'autres prétendaient impossibles ou fort contestables. Il m'arriva ce qui advenait à plusieurs. J'obtins des communications tellement précises, tellement étranges, en même temps que j'acquis une foi entière dans le spiritisme et ses manifestations multiples. Vous le savez mieux que moi, Monsieur, les tables firent bientôt place au crayon, ce fut par lui que, pendant dix ans, j'eus le bonheur inexprimable de pouvoir échanger, jour par jour, l'expression de mes douleurs intimes, de mes doutes et de mes désespérances contre les effusions persuasives et consolantes de l'amour d'une mère que je n'avais point connue.

« Je n'entrerai pas dans le détail de ces communications dès maintenant, Monsieur ; plus tard si vous le souhaitez et si surtout il peut y avoir de l'utilité à les communiquer je le ferai avec plaisir, ayant le désir et le besoin d'aider tous ceux qui doutent, souffrent et désespèrent.

« Aujourd'hui je viens vous offrir le résultat des diverses inspirations poétiques que j'ai ressenties et sous l'influence desquelles j'ai écrit les livres que je vous envoie.

« Il est bon de constater, Monsieur, pour laisser à l'œuvre son véritable esprit, que jusqu'en 1872 j'ignorais les rudiments de la prosodie, que je n'ai écrit et composé ces ouvrages et d'autres encore que sur l'ordre péremptoire et sans cesse réitéré de mes inspirateurs d'outre-tombe. Au reste, la dédicace de mon premier recueil poétique est l'aveu et la consécration de ce que j'avance.

« Je n'ai qu'un but : celui d'obéir à ces instructions que depuis si longtemps j'ai acceptées comme règle de ma conduite morale.

« C'est après avoir eu le bonheur de lire dans la *Revue Spirite* les paroles toutes vibrantes d'effusions cordiales que vous adressez à vos frères en croyance, que je m'enhardis, Monsieur, à vous demander aide et conseils pour la continuation de ma tâche. Telle qu'on me l'a tracée, je la trouve, non pas au-dessus de mon courage et de ma bonne volonté, mais bien de mes forces physiques complètement anéanties par vingt ans de souffrances sans répit. Ma santé, ébranlée par l'exercice autrefois journalier de ma faculté médionimique à l'état intense, n'a jamais pu se relever des secousses nerveuses imprimées à mon organisme. A cette heure, le travail est pour moi un besoin moral impérieux et en même temps une fatigue insurmontable.

« Dans ces conditions très anormales, il m'est

presque impossible d'aller plus avant sans une aide.
J'ai osé compter sur votre bonté, Monsieur, pour
me la procurer. Il existe parmi nos frères des mé-
diums guérisseurs auxquels je pourrais recourir,
n'est ce pas ? Mais sans les connaître et sans qu'ils
eussent un motif particulier de s'intéresser à mon
état. Je n'ose espérer de réussir à rencontrer celui
de qui j'attends une guérison ou tout au moins un
soulagement. Voulez-vous me prêter votre concours pour cela, Monsieur ? Ce sera une grande
bonté de votre part et une œuvre de charité vraiment fraternelle.

« Je dois encore vous avouer que je n'ai jamais
dit encore publiquement de quelle nature étaient
mes inspirations. En cela, j'ai suivi les ordres exprès que je recevais de mes conducteurs. « Il faut te
faire accepter d'abord, me disait-on, dans différents
genres très opposés afin de convaincre mieux lorsque tu devras divulguer la vérité. » J'ai compris la
justesse de ces paroles et me suis contentée jusqu'ici d'essayer plusieurs genres. C'est ainsi qu'à
côté des poésies françaises, j'ai publié déjà plusieurs fascicules de chansons en dialecte savoyard
soit politiques, soit simplement dans le genre bucolique. Tous ces essais m'ont valu des éloges qu'en
moi-même je reporte à mes chers esprits. Je dois
vous avouer que, d'après les ordres de mes conducteurs, je n'ai point encore révélé publiquement la
vérité sur mes inspirations poétiques. Cette faculté
d'écrivain s'est révélée en moi d'une façon si subite,
si étrange, qu'il me sera facile plus tard de convain-

cre ceux qui m'ont connue dans la première partie de ma vie, et peut-être alors notre cause pourra-t-elle y gagner. Mais il faut pour cela que l'œuvre que j'ai à accomplir s'affirme par elle-même et je suis, hélas, encore fort loin de ce but. Si vous la jugez digne de votre intérêt, Monsieur, je vous demande en grâce d'accueillir la prière que je vous adresse de m'indiquer quelqu'un qui puisse me rendre un peu de mes forces épuisées.

« Veuillez m'excuser, Monsieur, et croire à toute la profonde reconnaissance que je vous garderai si vous voulez bien me prêter aide et secours. »

III

LA GLOIRE D'AMÉLIE GEX

LA GLOIRE D'AMÉLIE GEX

LA réputation d'Amélie Gex ne fit que grandir après sa mort.

A la rentrée solennelle de l'Ecole Préparatoire à l'enseignement supérieur des sciences et des lettres de Chambéry, le samedi 5 novembre 1898, M. Raymond Michel, professeur de littérature, à qui avait été confié le discours de rentrées, consacra la gloire d'Amélie Gex. Ce discours de Raymond Michel est le premier essai critique sur l'ensemble de l'œuvre d'Amélie Gex. On doit surtout en retenir ce jugement (1) :

« La partie la plus originale de son œuvre, celle qui lui vaut, dans notre Parnasse savoyard, le rang le plus éminent, celle qui gardera son nom de périr, ce sont ses poésies patoises. Là elle n'a pas eu de maître, et, sans doute, elle n'aura jamais de rival.

(1) *Rentrée solennelle de l'Ecole préparatoire à l'enseignement supérieur des sciences et des lettres de Chambéry*, 1897-98. 1 brochure 62 pages, Chambéry, 1899.

Là, elle foule des sentiers non frayés, elle boit à des sources inconnues ; elle cueille des fleurs sauvages et en forme une guirlande d'un aspect pittoresque et d'un parfum pénétrant. Elle crée sa langue et son rythme, et sa langue est franche, alerte, colorée, son rythme est varié, ingénieux, capable de prendre tous les tons et de suivre toutes les allures (1). »

Egalement est à retenir la conclusion de Raymond Michel :

« Grandie au milieu des champs, formée par la nature rustique, voisine des Hésiode, des Théocrite, des Virgile, des Florian, des Genner, des George Sand, elle s'impose à l'attention des lettrés comme la *créatrice de l'idylle savoyarde* (2). »

Un critique italien (3) consacrait, dans une Revue de Turin (4), un long article à Amélie Gex qu'il appelait le *Barde de Savoie.* Pour lui les *Contes de la Bova* « peuvent avoir un harmonieux pendant dans ces *chansons du fuseau* que les jeunes filles roumaines se renvoyent de génération en génération, assemblant ainsi pour leur pays un charmant patrimoine spirituel. »

En 1903, Henry Bordeaux, dans la « Savoie peinte par ses Ecrivains » (5), parla aux Parisiens d'Amélie Gex.

---

(1) *Rentrée solennelle,* op. cit., p. 29.
(2) *Rentrée solennelle,* op. cit., p. 30.
(3) Yolanda, pseudonyme de la Marquise Plattis.
(4) Le *Cœnobium,* Nº de juin 1909.
(5) Chez Fontemoing, Paris, 1903, p. 42, in-8.

« Il semble qu'à cette époque, dit-il, Amélie Gex mérite mieux qu'une gloire locale. Sauf quelques élans classiques et sans nouveauté vers l'idéal par quoi elle pense justifier sa qualité de poète, ses vers sont simples et presque rustiques. Ils ont le goût aigrelet, mais savoureux, des petites airelles que l'on cueille dans les bois. Ils sont les parents pauvres des dernières poésies de Sainte-Beuve et des *Humbles* de Coppée. Et les meilleurs sont écrits en patois qui est en français ce que le pain noir est au pain blanc. Je sais des gens qui goûtent le pain noir.

« Néanmoins, je préfère à ses poésies un petit recueil de nouvelles qu'on rassembla pieusement après sa mort sous le même titre qu'elle leur avait donné. Les *histoires de ma rue et de mon village* (1) sont terribles et pittoresques comme les légendes populaires. Cette vieille fille sait conter comme aux époques primitives de la littérature ; elle nous ferait croire aux revenants et aux sorciers par l'abondance des détails précis, et son réalisme est tour à tour captivant comme dans *Ma vie de bohème* et émouvant comme dans la mort de ce pauvre *Lallo* qui

(1) M. Constantin, dans la *Revue Savoisienne* de 1885, appréciait ainsi ces contes d'Amélie Gex : « Le volume qui vient de paraître nous montre une fois de plus la souplesse du talent de Mlle Gex. Quelle variété de tons et de couleurs dans cette série d'*histoires de ma rue et de mon village* ! Les deux dernières sont visiblement restées inachevées et sans retouche, et partant inférieures aux autres ; la meilleure est incontestablement la *Maison Panissot*, un véritable petit chef-d'œuvre. Pour en donner une idée, il faudrait la citer presque en entier ; mieux vaut se borner à la signaler aux amateurs des choses fines, en les engageant à commencer par *Ma vie de bohème*, *Lallo* et à finir par la *Maison Panissot*. »

fut mordu par un chien enragé. Elle est toute pénétrée de l'ancienne vie savoisienne, et l'on trouvera dans ses récits la plus vive peinture de nos mœurs et de nos coutumes. »

Si Henry Bordeaux appréciait alors surtout la prose d'Amélie Gex, il est certain que l'œuvre poétique, surtout les poésies patoises, ont conservé une telle fraîcheur que ceux qui les lisent, quarante ans après leur création, en sont frappés. Nous n'en voulons d'autre preuve que l'appréciation qu'a portée en 1921 l'écrivain Léandre Vaillat, notre compatriote, sur l'œuvre d'Amélie Gex, qui lui apparaît comme étant « *un peu le Mistral savoyard* » !

Pareil éloge a dû réjouir les ombres des félibres rouges Xavier de Ricard et Auguste Fourès, lesquels avaient salué dans Amélie Gex une de leurs sœurs et l'avaient couronnée des lauriers du trouvère.

FIN.

TABLE DES MATIÈRES

IMPRIMERIES RÉUNIES DE CHAMBÉRY
3, Rue Lamartine, 3

SAVOIE